40歳オーバーで
ニート状態だったぼくが
初めてTOEICを受けて
いきなり930点取って
人生を劇的に変えた、
効果絶大な
英語勉強法

春名久史
Hisashi Haruna

リンダパブリッシャーズの本

プロローグ

人生オワタ

8164円。

月末の私の預金通帳の残高です。家賃などの支払いを終えた後は、これだけしか手元に残りませんでした。これが私の全財産。貯金なんてできるわけがありません。

はあー……

いったいこれでどうやって生活しろと……

すべて自分でまいた種とはいえ、ため息をつかざるをえませんでした。

これが10代や20代の若者ならば、よくある話として笑い飛ばすことだってできたことでしょう。しかし、私は年端のいかない若者ではありません。すでに「不惑」と呼ばれる年代となり、髪には白いものも混じりはじめています。もしも会社で働いていたならば、大勢の部下を率いて責任ある仕事を任されるポジションについていてもおかしくない歳です。マイホームを建て、子供も大きくなり、幸せな家庭を築いていなければならない年齢です。実際、私のかつてのクラスメイトたちはみな、そのような暮らしをおくっています。

それにひきかえ、今の俺は……

家賃25000円のアパートは壁が薄く、隣の住人のあくびの音が聞こえるほど。交通費を節約するため、移動はもっぱら自転車。朝食を兼ねた昼食は、スーパーの特売で買った98円の食パン。どんなに暑くてもエアコンなんてありませんし、どんなに寒くてもストーブなんてありません。

そんな生活をおくっていましたから、当然独身。こんな甲斐性無しの男に彼女なんてできるはずがないのです。いや、彼女どころか、友達すらほとんどいませんでした。もともと人づきあいが苦手なうえに、短期のアルバイトを転々としてきたため、人間関係を築くことが難しかったからです。学生時代の友人とも疎遠になりました。それはそうです。こんなみじめな姿をさらしたくなんてありません。みんなそこそこまともな仕事について、それなりの生活をおくっているのですから。もしも彼らが今の私の状況を見たら、いったいなんて言うでしょう？

「おい、聞いたか？　あいつ40過ぎてまだフリーターやってるらしいぞ」

そう言われても、私には反論することはできないのです。いや、今の私はフリーターどころか、プー太郎。いえいえ。失業保険をもらいながら部屋にひきこもっているわけですから、ニートと呼ばれたって文句は言えない立場です。

電話はピクリとも鳴りませんし、年賀状なんて一枚も来ません。誰とも顔を合わさず、一言も言葉を発しない日々が続きました。

職を転々とする毎日

浪人して私立大学に入ったものの、学校にはほとんど行かず、留年しても卒業できる見込みはまったくありませんでした。親には反対されましたが、私は大学を中退することを決意しました。だって、卒業するにはあと5年くらいかかりそうでしたから。

当時はバブルが弾けた直後でしたが、今に比べれば景気はまだまだ良かったのです。仕事だって、簡単に見つかりました。求人情報誌には、派遣社員や期間工の仕事がいくらでも載っていました。派遣社員は数か月間の短期契約ですが、ほとんどの場合契約は自動的に更新されましたから、不安定だとは思いませんでした。

しかし、だんだんと状況は悪くなっていきます。契約は更新されなくなりましたし、それどころか、期限満了前に解雇されるようにすらなりました。いわゆる「派遣切り」です。求人情報誌に掲載される工場の仕事も、急激に減っていきます。やっと見つけた仕事の面接に行っても、採用されないことが多くなりました。20代だった私も、気づけばいつの間にか30代。時の流れは速いもので、40歳となるのももうすぐです。この年齢になると、なかな

か仕事が見つけにくくなるのです。

工場での仕事を得られなくなった私は、警備員として働くようになりました。警備員といっても、「セコム」のようにパリッとした仕事ではありません。道路工事現場の脇で旗を振っているあっちの方です。この警備員の仕事は日当制なので、働いた日数によって給料が変わってくるのですが、これがまた不安定なのです。必ず毎日仕事にありつけるとは限りませんし、天気の影響をもろに受けるため、雨が降ったら仕事が激減するのです。

月によって収入が大きく変動するので、まったく生活のめどがたちません。いつもお金の勘定をしながら暮らしていました。家賃の支払いが間に合わなくなった際には、会社に電話して、給料の前借りを頼まなければなりませんでした。一度前借りをしてしまうと、後は負の連鎖です。たとえ給料日が来ても、前借り分の返済として給料から天引きされているので、また生活費が足りなくなるのです。

そして、この警備員の仕事というのは、人から見下される仕事でもありました。通行人からわざとぶつかられたり、突き飛ばされたりすることなんてしょっちゅうです。片側通行の交通整理の際には、クラクションを鳴らされたり、罵声を浴びせられたりします。深夜の通行止めの現場では、酔っ払いにからまれたり、車で徘徊している若者に唾をかけられたりもしました。

屈辱的な面接

「俺の人生、このままで終わっちゃうのかな」

このどん詰まりから抜け出そうと努力しなかったわけではありません。求人情報誌を眺めては、安定した仕事に就こうともがいてはみました。でも、そう簡単にはいきません。「就職氷河期」「失われた20年」「リーマンショック」。そういった言葉が新聞の紙面をにぎわせていた時代です。現役の大学生だって就職できずに苦労しているのです。大学を卒業しても、フリーターに甘んじなければならない人なんて大勢いるのです。そんな時に、大学を中退した、40歳のおっさんがまともな職を得ることは至難の技でした。短期雇用の仕事を繰り返してきた私には、「経験」と呼べるものはありませんし、手に職も持っていないのです。

「学歴不問」「年齢不問」「経験不問」。これらのキーワードで検索して見つけた求人に応募してみても、ほとんどは履歴書が返送されてきました。いわゆる「ブラック企業」からも門前払いだったのです。

たまに面接にまでこぎつけたとしても、私の履歴書を見た面接官から、

「いったいなにをやってるんだ。ちゃんとしなきゃダメじゃないか」

と説教をされる始末。

また、別の会社の面接では、いきなり、

「で、反省はしていますか？」

と聞かれました。志望動機などはあらかじめ準備していたのですが、まさか面接でいきなり反省を要求されるとは思ってもいませんでした。面接官は明らかに私のことを見下していて、そもそも、最初から私のことを採用する気なんてなさそうです。

そうだ、英語を勉強しよう！

今後の人生について模索していた時、なにかの本に、「好きなことを仕事にすれば成功する！」というようなことが書いてありました。でも、好きなことってなんでしょう？　私には特に「これがやりたい！」というものはありませんでしたが、しいて言えば英語でしょうか。昔から洋画を見るのは好きでしたし、いつかは海外旅行にも行ってみたいと思っていました。

それに、英語ができれば就職の選択肢も広がりそうです。実際、企業の求人情報を見ても、「要

ビジネスレベルの英語力」「TOEIC800点以上」といった記述も多く見受けられるようになりました。

とはいえ、私はもともと英語が得意だったわけではありません。たしかに、大学受験のために英語は勉強しましたが、外国人とまともに会話した経験なんてないのです。洋画が好きだった私は、俳優の話すかっこいい英語にあこがれて、映画のDVDを使って英語の勉強をしようとしたことがあります。「好きな映画を見ながら英語の勉強ができるなんて、一石二鳥じゃん！」と思ったものです。が、見事に挫折しました。映画の英語というのは難しいです。辞書にも載っていないスラングがたくさんでてきますし、スピードも速い。英語上級者でも映画の英語というのは難しいのです。NHKの語学講座すら聞き取れない人間が太刀打ちできるわけがありません。

「聞き流すだけでOK！」という英会話教材が流行っていたこともあって、CDをかけっぱなしにして聞き流したりしたこともあります。が、これもみごとに失敗しました。外国人のナレーターが何を言っているのか、さっぱり聞き取れないのです。「聞いているうちに、いつかそのうちきっと聞き取れるようになる、はず」と信じて、歯を食いしばって聞き続けましたが、まったく英語が上達した感じがしません。

それどころか、CDを再生したとたん、強烈な眠気に襲われるようになりました。まぶたを開けていられなくなるのです。英語のCDを聞くと、気持ちいいくらいにぐっすりと熟睡できるのです。これほど強力な睡眠薬は他にはありません。

外国人に道をたずねられた時なんてパニックです。「あうあうあう」としどろもどろになりながら、冷や汗をかいていました。まず、相手がなんて言っているのかわからないのです。身振り手振りを駆使して、やっとのことで「ああ、この場所に行きたいんだな」ということが理解できたとしても、今度はなんと言えばいいのかがわかりません。すったもんだの末に私の口から出たのは、「ゴーストレイト。ターンライト」などというお粗末なもの。大学受験のためにあれほど必死に勉強した成果がこれです。我ながら情けなくなりました。もちろん、発音は立派なカタカナ英語。ジャパニーズ・イングリッシュです。

それでも、「かっこいい英語が話せるようになりたい」という意欲だけはあったので、4月になると思いだしたかのようにNHKの英語講座のテキストを購入してみたりもしました。でも、どうしてなんでしょうね。ああいうのって、よほど意思が強くないと、途中で辞めちゃうんですよね。けっきょく長続きはしませんでした。

ある時、街で困っている外国人を見かけたことがあります。その外国人は周りの日本人に何かをたずねようとしているのですが、みんな逃げていってしまいます。見かねた私は、何を血迷ったか「メイ　アイ　ヘルプ　ユー?」と口走っていました。英語もできないくせに。そのガイジンは私に向かって「ペラペラペラー」となにか話してきたのですが、悲しいくらいにまったく意味がわかりません。そんなに早口でまくしたてられても、何言ってるかわかんないよ。「スロウ、プリーズ」とお願いしたのですが、彼女はあいかわらず早口でまくしたてるだけ。まったく意思の疎通をはかることができませんでした。

これ以上私と話していても無駄だと思ったのか、最後に大きなため息をつきながら頭を振って、彼女はどこかへと立ち去っていきました。

大きなため息をついた時の、あのガイジンの顔は今でも覚えています。

「英語が話せるようになりたい!」

心の底からそう思いました。

そのためには、今のような行き当たりばったりの勉強を続けていちゃダメだ。もっと体系的に勉強を継続できる仕組みを考えなければ。

そして私が目をつけたのがＴＯＥＩＣでした。このＴＯＥＩＣというのは、非ネイティブの人間が、英語圏の人間とコミュニケーションをとることができる能力を身に付けられるようにカリキュラムが設計されていると聞きました。

また、英検などとは違って、合格か不合格ではなくスコアとなって現在の自分の実力が示されるため、学習の指針とすることが容易なうえに、モチベーションの維持も期待できそうです。

それになにより、ＴＯＥＩＣでハイスコアをとれば履歴書に書くことができます。就職にも結び付くかもしれません。

そう考えて私はＴＯＥＩＣの勉強を始めました。そしてこのことが、その後の私の人生を大きく変えたのです。

世界が変わった

私の場合、これまで履歴書には自動車の運転免許くらいしか書くことがありませんでした。TOEICで900点取ってからも、たった一行、履歴書に書く項目が増えただけです。しかし、このたった一行が驚くべき効果をもたらしてくれるのです。

まず、就職活動において、選択肢の幅がグンと広がりました。

現在、英語力の証明のためにTOEICのスコアを要求する企業はとても多いです。900点を取得していれば、まずどんな企業でも条件はクリアできます。これまでは無理だと思えていた高嶺の花の会社でも、積極的にガシガシと応募できるようになりました。「どこでもいいから、どうか俺を拾って〜」と涙目になりながら訴えていた頃の自分が嘘のようです。

また、書類審査で落とされることもなくなりました。以前ならば、何十通もの履歴書を送っても、面接にまでたどりつけるのはほんのわずかでした。

「弊社にて慎重に検討した結果、今回は残念ながら……」。こんな文面をいったい何度見たことか。

しかし、履歴書に「TOEIC900点」と一行加えるだけで、相手先企業の反応はガラリと変わります。ほぼ間違いなく書類審査は通過し、面接にまでこぎつけることができます。なので以前のように「下手な鉄砲、数撃ちゃ当たる」式に履歴書をたくさんの企業に送る必要がなくなりました。

「TOEIC900点」の効果は書類審査通過だけにとどまりません。いえ、むしろその後の面接においてこそその威力を発揮するのです。

以前の私は、書類審査の段階で落とされていたため、面接にまで到達することはごくまれでした。

「せっかく手に入れた貴重なチャンスを無駄にしたくない」

そんな思いから、必死になって面接にのぞむため、ガチガチに緊張し、本来の自分の実力を発揮することができませんでした。

また、面接官も私に対して「上から目線」の威圧的な態度で接してくるため、小心者の私はますます萎縮してしまい、声をつまらせ、震えながら面接に応じていたものです。

ところが、履歴書に「TOEIC900」の一行が加わると、状況はガラリと変わります。面接官の態度がまるで違うのです。

「900点も取られてるんですかー。すごいですねー」

面接の担当者は微笑みすら浮かべています。彼は身を乗り出し、私に興味津々といった気持ちがビンビンと伝わってきます。

「この人材をぜひともわが社に欲しい！」

という意欲が明らかに見て取れるのです。面接でこんなに歓迎されたことなんて、これまで一度もありませんでしたから、なんだか戸惑ってしまいました。

和やかな雰囲気で面接がスタートするため、私もリラックスしてのぞむことができます。

おかげで私は面接が大好きになりました。だって面接官から「すごいですねー」と称賛されるんですよ。こんなに気持ちいいことはありません。「反省」を要

求されたり、屈辱的な言葉を浴びせかけられていたあの頃がまるで嘘のようです。

履歴書に「TOEIC900点」の一行を書き加える。たったこれだけで、面接が地獄から天国へと変わります。にわかには信じられないでしょうが、まぎれもない事実なのです。

給料が倍に⁉

下世話な話で申し訳ないですが、TOEICで900点取った後の私の生活の中で、もっとも大きく変化したのが賃金でした。これまで私は日当7200円の警備員をやっていたので、時給に換算すると900円。ですから私にとって、時給1000円というのはとても魅力的な金額でした。時給が1000円を超えれば、それは「おいしい仕事」だったのです。

ところが、TOEICで900点以上取得すると、この賃金相場が一気に跳ね上がります。試しに「TOEIC900　求人」というキーワードで検索してみると時給2000円以上の求人がズラリと表示されます。時給900円の世界で生きてきた私からすれば、いきなり給料が2倍になってしまいました。なかには時給2500円なんていう仕事もありますから、ほとんど3倍といってもいいかもしれません。

近年、TOEICで高得点を取るニーズが高まっています。そのため、TOEIC専門の予備校講師や家庭教師の需要も増えています。そしてそれらの給料は一般の事務職に比べて格段に高いです。私はTOEICの家庭教師として派遣会社に登録しているのですが、定期的にお仕事の紹介メールが届きます。この時給がまた高いんです！　時給3500円なんてザラ。4400円なんてのも珍しくありません。なかには時給5400円という案件だってあります。時給900円の頃と比べて、なんと6倍にまでなってしまいました。

英語資格の最高峰、通訳案内士を目指す

ＴＯＥＩＣで９３０点のスコアを取った時は本当にうれしかったです。予想外の快挙（まぐれ？）に有頂天になった私は、「ひょっとしたら通訳の試験にも受かるかも？」などと舞い上がったものです。「英語資格の最高峰」「英語に関する唯一の国家資格」という響きは魅力的でした。会社に雇われなくても、フリーランスとして独立開業だってできるかもしれません。それに、オフィスの中に閉じこもって働くよりも、通訳やガイドとして全国を飛び回る方が自分の性格にあっているような気もしました。ＴＯＥＩＣのために必死になって勉強してきたので、私の英語力は今がピークです。狙うなら今しかありません。

同じ英語の試験でも、ＴＯＥＩＣと通訳案内士とでは試験内容がかなり異なります。それでもなんとか合格することができたのは、ＴＯＥＩＣの勉強で英語の基礎力が培われていたからだと思います。

通訳案内士の試験に合格しても、いきなりガイドとして仕事ができるわけではありません。私はこれまで工場や警備員など、内向きで地味ーな仕事しかやってきませんでした。大勢の人の前でプレゼンをするというのは、私にとって未知の領域です。いきなり外国人相手に仕

事をするのはさすがに無理だと考え、最初は国内旅行の添乗員からスタートすることにしました。

私が所属していたのはかなり大きな会社で、研修がしっかりしているとの評判でした。数日間の研修期間中は無給ですが、添乗業務のイロハを基礎からみっちりと教えてもらえます。テキスト主体の授業でしたが、実際の観光地をモデルとした実践的な内容でしたので、勉強しているうちになんだかワクワクしてきました。

「給料もらいながら旅行できるのか。楽しそうだなー」

しかし、世の中そんなに甘くはありません。研修の最後には、恐怖のプレゼンテーションが待っていたのです。

プレゼンといっても、クラスメイトの前で実際に観光ガイドの真似事をやってみるだけです。本物のお客さんを相手にしているわけではないので、そんなに固くなる必要はありません。ところが、極度な小心者の私は、ここでもそのヘタレぶりをいかんなく発揮してしまったのです。

カンニングペーパーを見なくても説明できるよう、あらかじめ観光地の概要を頭に入れておいたはずなのですが、教室の前に立った瞬間頭の中が真っ白になり、すべてが吹っ飛んでしまいました。口の中はカラカラに乾き、声もかすれてしまっています。話す内容も支離滅裂で、きっと「挙動不審な怪しい奴」のように見えていたことでしょう。担当講師も「こいつを卒業させて大丈夫か？」という目で私を見ていました。

日本人相手の添乗業務で経験を積んでから、外国人向けの通訳ガイドデビューをする予定だったのですが、なかなか計画通りにはいきません。まだ国内添乗を一度もしていない私に、いきなり外国人相手のツアーの仕事が舞い込んできてしまったのです。しかも10日間という長期のツアーです。

恥ずかしながら、私はそれまで浅草にも箱根にも行ったことがありませんでした。行程の8割以上はまったく未知の場所だったのです。それなのに40人もの外国人を引き連れて英語で説明しろな

悪夢の初仕事
Boo
Boo
Boo
ペラペラ
あれ？
2回目から
大丈夫だ!!

んて無茶もいいとこです。

そんな状態でしたから、最初のツアーは悲惨なものでした。お客さんの質問には答えられないし、道に迷うし……。

ツアーの最後にお客さんにアンケートを書いてもらうのですが、それはもうひどいものでした。

「ガイドのくせに、なにも知らない。きっと初めて訪れる場所だったのだろう」

「説明がわかりづらい。なんて言ってるのかわからない」

こんな調子で私の通訳デビューは散々なものでしたが、今でもなんとか続けることができています。

というのも、金閣寺や皇居など、外国人の観光客を連れていく場所はほぼ決まっているため、一度ツアーを経験してしまえば、２回目からはなんとかなるものだからです。

世界中に友達ができた

私はもともと、人付き合いが苦手な方でした。

でも、通訳ガイドとして働きはじめてからは、世界中に大勢の友人ができました。そして彼らとは今でもフェイスブックやＬＩＮＥを通じて連絡を取り合っています。

「日本人ともうまく付き合えなかった人間が、外国人と英語で仲良くなんてなれるのか？」と不思議に思う人もいるかもしれません。たしかにおかしな話ですが、外国人の方が友達関係になりやすいのです。実は、私のフェイスブックの友人は日本人よりも外国人の方が多いのです。

とはいえ、通訳ガイドを始めたころは、お客さんとどう接すればよいのかわからず、ずいぶんと悩みました。ツアー中は一緒に食事を取ることが多いのですが、なにを話せばよいのかわからず、食事の時間が苦痛だったことを覚えています。お客様と一緒の席にならないよう、わざと時間をずらしたり、柱の影に隠れるようにして座ったりすることもありました。

バスの中ではこれから訪れる観光地や日本文化についての説明をするのですが、私の話がつまらないのか、誰も聞いてくれませんでした。あまりの虚しさに、途中で話すのをやめようかと思ったこともあるくらいです。

それでも、何度かツアーを重ねていくうちに、外国人が食いつきやすい「ネタ」というものがわかってくるようになりました。「ひきこもり」や「福島の原発の今」、「佳子様のファッションについて」など、普通にニュースでやっている、日本人なら誰もが知っているありきたりの内容が、彼らにはとても新鮮な話題に感じられるようなのです。わざわざ「仏教」や「歌舞伎」などの小難しい話をする必要なんてないのです。

そのことに気づいてからは、彼らとの会話も苦痛ではなくなりました。みんなが真剣に私の話に耳を傾け、質問をしようと私の周りを取り囲むようになりました。

このようにして、だんだんと彼らとも打ち解けあえるようになってきました。初対面の日本人同士だとどうしても「見えない壁」のようなものができてしまうのですが、外国人相手だとあまりそういうものは気になりません。彼らは私に対して、実に自然に接してくれるのです。「従業員と客」といった垣根はほとんど感じられません。食事の時も一緒のテーブルに誘われますし、ごく普通にお互いの家族の写真を見せ合ったりします。なかには自宅の住所と電話番号を書いたメモを手渡してきて、「ハワイに来ることがあったらぜひ寄ってくれ」なんて言う人もいます。

もしも英語を勉強していなかったら、こんなにもたくさんの友人を作ることはできなかったでしょう。

英語で喧嘩

通訳ガイドをしていると、いろんな国の人と仲良くなれます。でも、毎回すべての人と良好な関係を築けるとは限りません。何十人もの人と同じバスに乗り合わせ、1週間も2週間も一緒に旅行をするのです。人間関係の軋轢が生じないわけがありません。ましてや言葉も文化も異なる外国人が相手なのです。時には深刻なトラブルに発展することだってあります。

あれは4月の桜の季節のことでした。この季節は一年のうちでも最も混雑するシーズンなので、ホテルの部屋を押さえるのも容易ではありません。なので旅行会社からも、「お客様は禁煙の部屋を希望だが、すべての部屋を禁煙で予約することは無理だった。ホテルには消臭対応でお願いしてある。時期が時期だから、その点は我慢してもらうよう、先方の旅行会社にも伝えてある」とのことでした。

日本でも最近では喫煙が健康に害を及ぼすという認識が広まってきていますが、まだまだ禁煙は徹底されていません。ホテルによっては、完全禁煙の部屋を設けていないところもたくさんあります。そういう場合は「消臭対応」といって、部屋で喫煙は可能だが、その次に泊まるお客様が禁煙の部屋を望んだ場合は、応急的に消臭作業をして対応するというケースが多いのです。今回利用するホテルも、その「消臭対応」でした。

「先方も納得済み」ということだったので私も安心していたのですが、ことはそう簡単には収まりませんでした。部屋に入った途端、お客様からクレームの嵐が殺到したのです。しかも5部屋も！　普通の人間ならば、消臭対応が施された部屋でなんの問題もありません。しかしこのツアーでは運の悪いことに、肺の手術を終えたばかりの人や、煙草アレルギー、重度のぜんそく患者のお客様がいたのです。そしてさらに間の悪いことに、このツアーはオーストラリアからのお客様でした。喫煙に甘い日本とは違って、オーストラリアではホテルや飲食店を含む公共スペースではすべて禁煙が徹底されているのだそうです。ホテルでたばこを吸うなんてもってのほか。お客様はみんな顔を真っ赤にして怒っています。

「こんなタバコ臭い部屋に押し込めて、私たちを殺す気?」

「いや、消臭対応で納得してもらってると会社からは聞いていたんだけど……」

「消臭対応ってなによっ！」

そうなのです。完全禁煙が当たり前のオーストラリア人には、日本的苦肉の策である「消臭対応」なんて理解できないのです。そもそもそういう概念がない人間に向かって、口頭で説明するのはかなり骨の折れる作業でした。しかも英語で！　ほんとに冷や汗をかきましたよ。

ひととおり説明して、なんとか「消臭対応」についてはわかってもらえたのですが、もちろん彼女たちは納得しません。

「前の宿泊客がたばこを吸った部屋なんかで寝れるわけないじゃない。部屋を換えてちょうだい」と要求してくるのですが、それは無理な相談というものです。桜の季節はどこのホテルも超満員。当日に部屋を換えることなんて不可能です。それにそもそも、このホテルには完全禁煙の部屋なんてないのですから。

私がそう説明すると、彼女たちは烈火のごとく怒り狂います。

「なんでそんなホテルを予約したのよっ！　私は重度の肺疾患があるのよ。私が死んだらあんたたち責任取れるの？　あんたを訴えるわよ！」

そうなのです。外国ではこの程度のことでもじゅうぶん訴訟沙汰になってしまうのです。「訴しまうのです。

える」というのはけっして脅しでもなんでもありません。本当に裁判所に行く羽目になって

しかし、このままむざむざ訴えられるのを待つわけにもいきません。自己弁護のため、拙い英語を駆使して私も反論を試みます。

「いや、お客様にも消臭対応で納得してもらってるって、そっちの旅行会社とも話はついてるはずなんだけど……」

「なに言ってんのよ。たばこの煙を吸ったら死ぬかもしれないのよ。納得するわけないじゃない！」

別のお客さんは、電話でオーストラリアの旅行会社と話をしているようです。

「こちらのエージェントは、消臭対応で納得する話なんて聞いてないって言ってるわよ？あんたの説明と違うじゃない。いったいどうなってんの？」

えーっ?! なんだか話がまずい方向に向かってるぞ。このままじゃ俺ひとりが悪者にされて責任を取らされるかも。

お客さんに電話を代わってもらって、オーストラリアの旅行代理店の人間との交渉が始ま

りました。もちろん英語で、です。

「うちは消臭対応でOKなんて話はしていないぞ」

「そんなはずはない。うちの会社とそっちの会社とで、きちんと合意がされてたはずだ」

私は争い事が苦手です。ましてや英語で言い争うなんて経験はこれまでの人生で一度もありません。でも、ここで退くわけにはいかないのです。私の周りをお客さんが取り囲んで、交渉の行方を見守っているのですから。もしもここで私が負けたりしたら、責任を取らされて、自腹で別のホテルの部屋を取らされかねません。しかも5部屋も！


私は粘りに粘ったため、ついには相手が折れました。それはそうでしょう。たしかに「消臭対応でOK」という合意は存在していたのですから。しまいには相手は私に懇願してきました。

「お願いだから、うちの会社とあんたの会社との間に合意があったことは客には言わないでくれ。じゃない

あれ？オレ、今、英語でケンカして勝っちゃった♥
ふふっ♥

なーんかカッコイイ〜♪

とうちが訴えられる」

「悪いけどそれは無理だよ。この会話はすべてみんなに聞かれてるんだから」

話を聞いていたお客さんたちは、どうやら私に非はないことを理解してくれたようです。「もっとガツンと言ってやればよかったのよ」などと、私を応援してくれるようにもなりました。

タフな交渉でしたが、なんとかこれで責任を取らなくてもすみそうです。ホッとすると同時に、うれしさがこみあげてきました。

「あれ？　俺、今、英語で喧嘩してた？」

以前どこかで、「英語でけんかができるようになったら一人前だ」というような内容の文章を読んだことがあります。私の英語はまだまだで、しかもガチガチの日本人英語です。お世辞にも流ちょうにしゃべれているとは言えません。

それでも、私は確かに英語で喧嘩をしたのです。オーストラリア訛りの早口の英語と堂々と渡り合って、最後には勝利したのです。これには本当に感激しました。

英語で演説

また別のツアーでは、富士山に登ることになっていました。富士山の五合目までは車で行くことができます。が、冬の間は危険なため閉鎖しているのです。私たちの一行がそこを訪れた時には、一応富士山へと向かう道路は開通していたのですが、断続的に雪が降り積もり、路面が凍結している恐れもありました。ドライバーも渋っています。

富士山に行くべきか、行かざるべきか。大いに悩みました。乗客の間でも意見は真っ二つに分かれています。せっかく日本に来たんだから、ぜひとも「フジヤマ」に登ってみたいというグループ。吹雪の中、路面が凍結している高山を登るなんて自殺行為だ。危険すぎる、というグループ。

両者の間で、侃侃諤諤《かんかんがくがく》と議論が戦わされました。お互いに感情が高ぶり、議論はどんどんとエスカレートしていきます。ものすごい早口でまくしたてる人だっています。バスの中は険悪なムードとなりました。まさに一触即発の状態です。

そんな中、事態を収拾する役割を担うのは、通訳ガイドである私をおいて他にはありません。

しかし、そんな大役、この私につとまるのでしょうか？　自信はありませんでしたが、やるしかありません。

グループをまとめるには、両者の意見を聞いて、お互いが納得するような結論を導く必要があります。が、それは至難の技でした。お互いにヒートアップしているため、議論はかなり激しくなっています。私の英語力では白熱したバトルを抑え込むことなんてできません。

そこで、日本的折衷策として、多数決を採ることにしました。日本人の感覚からすれば、これが最も適切な手段であるようにも思えます。山の天気は変わりやすいので、天気予報は明日になったら変わるかもしれません。なので、多数決は明日の朝、富士山に登る直前に採ることになりました。

ところが、この判断は、どうやら外国人には納得いかなかったようです。後で乗客の一人がこっそりと私のところへやってきて、アドバイスをくれました。

「下手したら命を失うかもしれない重大な決断をしようというのに、なんで多数決なんだ？　最終的に責任を取るのはガイドであるお前だろ？　だったらお前が自分で判断して、自分で決めろよ！」

なるほど、外国人はそういうふうに考えるのか。日本的理想のリーダー像は、みんなの意見を尊重して、折衷的な案を出せる人だと思います。でも、外国人の理想のリーダー像はこれとは違うようです。自分で判断して結論を出し、きちんと結果に責任を取れるような人物を求めているのです。

翌日、私はバスの中で宣言しました。

「昨日、多数決を採ると言ったけど、あれは撤回する。俺が自分で決めることにした。富士山には行かない。昨日の積雪が今朝の冷え込みで凍って、路面は危険な状態だ。みなを危険な目に遭わせるわけにはいかない。かわりに忍野《おしの》八海《はっかい》に行く。そこから見える富士山もまた格別に美しいぞ！」

私がそう言い終わったとたん、バスの中には割れんばかりの拍手が沸き起こりました。口笛を吹いている人もいます。

なるほど！文化とか
国民性の違いかな？

「ヒューッ！　よく言った！　お前はグレイトなリーダーだっ！」

私の英語はまだまだダメダメです。それでも、心の底から言いたい言葉をひとつひとつ確実に発していけば、聞いている人にはちゃんと伝わるのです。拍手だってしてもらえるのです。

舞台は世界へ

通訳ガイドの仕事をしていると、たまに「ヘッドハンティング」のようなことを受けることがあります。といってもそれほどおおげさなものではなく、「今ちょうど英語のできる日本人を探していたんだ。よかったらうちで働かないか？」という軽い感じのものです。

先日、ツアーで一緒になったアメリカ人と仲良くなりました。どういうわけか彼は私のことが気に入ったようです。旅行会社で添乗員をしている彼から「ハワイで働かないか？」というオファーを受けました。アメリカの会社で働くなんて、ちょっとかっこいいですし、ハワイでの暮らしもなかなか魅力的です。

その他にも、オーストラリアの旅行会社から誘われたこともありますし、ちょっと変わったところでは、スイスのホテルからお誘いを受けたこともあります。

オーストラリアは景気がいいですし、スイスは世界中で最も賃金の高い国の一つです。ちょっと前までは、自分が海外で働くことなんて、想像もできませんでした。ましてや大学を中退した私が、外国の企業で働くなんて夢のまた夢だと思っていたのです。

でも、これらはけっして絵空事ではありません。がんばって英語を勉強すると、実際にそういう展望が開けてくるのです。

ほんの少し前まで工事現場で埃にまみれながら旗を振っていた自分が、今ではどこの国で働こうかと迷っている。学歴なんてなくても、40歳を越えてても、人生にはこういう展開がありえるんですね。

これらの変化はすべて、英語を学ぶことから始まりました。

学歴もなく、正社員としての経験もない人間が、40歳を過ぎてから人生を変えるのは容易なことではありません。なにか大きなきっかけがなければ、これほどの変化は起こりえないでしょう。

私の場合、英語を学ぶことがそのきっかけとなりました。

「英語だけできたってなにも変わらないよ」

そんなことは言わないでください。英語は人生を変えるための強力なツールとなりうるのですから。

英語って人生変わるツールだよ!
おじさんでも世界に羽ばたくよ!!

公式問題集だけでTOEIC930点! 目次

はじめに……42
TOEIC900点突破の奥義……44
第1章 TOEIC900点突破のための最高の方法……49
第1節 なぜ、「TOEICで900点取るのは難しい」と言われているのか?……50
「長文読解が苦手」という人のための勉強法……54
「リスニングが聞き取れない」という人はどうすればいいか……56
「文法は嫌い」という人はここだけを読めばいい……59
英語学習に年齢は関係ない……62
TOEIC900点は難しくない……66

第2節 遠回りの勉強をしてはいけない……69
天才・秀才の勉強法を真似してはいけない……71
予備校なんて必要ない……75
英字新聞なんて読むな……76
CNNは聞くな……78
単語集は不要……80
文法書も不要……82
辞書もほぼ不要……84

第3節 最短距離の勉強法……85
公式問題集は今すぐやる!……89
公式問題集に関する大きな誤解……90
受ける前にすでに答えはわかっている……92
公式問題集は解いてはいけない……94

付属のCDを聞いてはいけない……97
不正解の選択肢も検討する……99
暗記する必要はない……101
あとはひたすら繰り返すのみ……103
余力がある人は……104

第2章　スケジューリング

第2章　スケジューリング……105
第1節　TOEICで900点取るには何時間の学習が必要か?……106
公式問題集は何回繰り返せばいいのか?……107
公式問題集を10回繰り返す……109
所要時間は290時間……111
TOEIC対策は短期集中型が有利!……115

第2節 5週間で930点取った私のスケジュール……118
最初の数日間は試行錯誤……118
過去問こそが王道……120
問題は解かない。先に日本語訳と解答を見る
目で文字を追いながらCDの音声を聞く……123
最初の1周目は、1回分の問題を6時間かけて検討する……124
復習（2周目）はすぐにやる……126
3周目。日本語訳を見るのはこれが最後
4～6周目。2時間以内に終わらせることを目標とする……129
7～11周目。短期間のうちに何度も繰り返す……132
「シャドウイング」よりも「リテンション」……134
まとめ……139

第3節　1日2時間のペースでやる場合のスケジュール……141
記憶の保持にも時間をかける……145

第3章　具体的な勉強法……③

第1節　公式問題集の具体的な使い方（総論）……④
「解答・解説編」のみを利用する……④
問題文に直接答えを書き込む……⑤
リスニングセクションの勉強の仕方……⑦
長文読解の攻略法……⑩

第2節　公式問題集の具体的な使い方（各論）……⑯
Part 1……⑯
Part 2……㉕

Part 3 …… ㉛
Part 4 …… ㊳
Part 5 …… ㊹
Part 6 …… ㊽
Part 7 …… ㊿53

はじめに

たった5週間の準備期間で、TOEICで900点のスコアを獲得できる。

利用するのは公式問題集のみ。

予備校も留学も必要ない。

独学で十分だ。


もしも私がそんなことを言えば、きっと各方面から異論が噴出することでしょう。

「公式問題集だけで900点取れるんなら、誰も苦労はしないよ」

そんな声が聞こえてきそうですね。


私もそう思っていました。私がTOEICに申し込んでから本試験までは5週間しかありませんでした。その間にできることといったら、公式問題集くらいしかありません。そこで公式問題集5冊だけにしぼって集中的に勉強しました。もちろん、この程度でハイスコアがとれるなんて、私も思っていませんでしたが、結果を見てびっくり。なんと、あっさり900点をクリアしてしまっていたのです。この結果には自分でも驚きましたが、それと同時に自分の勉強法が正しかったことも確信しました。TOEICでハイスコアをとるためには、公式問題集だけで十分だったのです。

「どうせ著者は帰国子女か一流大学出身の天才なんだろ」

いいえ。私は帰国子女ではありませんし、一流大卒の秀才でもありません。それでも予備校にも通わずに、公式問題集だけで930点取れたのです。それも、1回目の受験で。

世の中にはそれこそ星の数ほどのTOEIC攻略法が存在します。なかには眉唾物の方法論すらあります。しかし、どの勉強法でも公式問題集の重要性は否定していません。公式問題集はTOEICにおいては過去問に相当します。過去問攻略はあらゆる試験勉強の鉄則です。私がこれからお話しする方法は、その公式問題集を利用するものなのですから、この方法を実行しても損することは決してありません。まさに「ローリスク・ハイリターン」の方法論なのですから、やらない手はないでしょう。

TOEIC900点突破の奥義

TOEICで900点を超えるために必要なことは、実は、たった数行にまとめることができます。

①日本語訳を読む
②英文を読む
③解答・解説を確認する
④英文を目で追いながらCDを聞く

もう少し詳しく説明すると、

①公式問題集全6冊を用意する
②日本語訳を1文だけ読む
③対応する英文を読む

④選択肢を読む（日本語→英語の順で）
⑤解答・解説を確認する
⑥理解できたら、英文（問題文、選択肢）を何度か繰り返して読む
⑦テキストの英文を目で追いながら、付属のCDを数回繰り返して聞く
⑧次の問題に移り、②～⑤の作業を繰り返す
⑨公式問題集全6冊に載っている全ての問題を同じようにしてこなす
⑩あとは試験当日まで、ひたすら公式問題集全6冊を繰り返し読み込み、付属のCDを聞きこむ

たったこれだけです。ね、簡単でしょ。

「馬鹿にするな！　そんな方法で英語の実力がつくはずがない！」と怒られる方もおられるかもしれません。実際、この方法を人に教えても、誰も相手にはしてくれませんでした。それほど非常識なやり方なのです。

しかし、私はこの方法でＴＯＥＩＣ９３０点を獲得しました。そしてその後、同じ方法を用いて、通訳案内士試験にも合格しました。ご存知かと思いますが、通訳案内士試験という

のは、日本で最も難しい英語の試験のひとつです。だからといって、「俺の英語は完璧だ！」などと言うつもりは毛頭ございませんが、それでも、この方法の有用性をある程度証明することはできたと思っています。少なくとも、ＴＯＥＩＣで９００点を取るだけでしたら、私の取った方法でじゅうぶんです。公式問題集以外、何も必要ありません。やり方もいたってシンプル。

①日本語訳を読む
②英文を読む
③解答・解説を確認する
④英文を読みながらＣＤを聞く

たったこれだけでＴＯＥＩＣ９００点は簡単に達成できるのですが、これだけではいったいなんのことかわからないと思います。なので、具体的な学習の進め方は、後ほど詳しく述べていくことにします。

第1章

TOEIC900点突破のための最高の方法

第1節 なぜ、「TOEICで900点取るのは難しい」と言われているのか？

「TOEIC900点」。

なんと神々しい響きでしょう。世間一般では、TOEICで900点以上のスコアを取った人のことをまるで「英語の達人」「英語学習の最高峰に到達した者」のように崇め奉る傾向があります。求人情報などを見ても（特に外資系！）「TOEICスコア900以上必須」などと書かれているのをよく見かけますし、企業内でも、「管理職昇進には750点以上必要」「海外勤務には800点以上を要する」などと定められているところが多いようです。偏差値によって大学を序列化してきた日本人にとって、英語力を客観的に数値化できるTOEICは親和性が高いのでしょう。

そしてその最高峰に位置づけられるのが「900 over」。ここが英語能力序列化における、一流と二流の分水嶺となっています。そのため、多くの人が900点以上のスコアを目指して日夜努力しているのですが、その域に達することができるのはほんの一握りの人間のみ。どうして大多数の人はスコアの伸び悩みに苦しんでいるのでしょうか。

私がTOEICで930点を獲得した後、よく、「どうやったらそんな点が取れるんですか?」と質問されました。そのたびに私は、「TOEICなんて簡単だよ。公式問題集さえやってりゃ900点は超える」と説明するのですが、誰も納得してくれませんでした。「簡単なわけないだろ。嫌味な奴」とまで言われたこともあります。

私は別に誇張して言っているわけではありません。たしかにそれなりに勉強はしましたが、「世間で言われているほどTOEICは難しくない」というのは私の正直な感想です。適切な手順を踏んで学習しさえすれば、スコアは確実にアップするはずなのです。

しかし、世間一般の風潮は違います。まるでTOEICで900点を超えるのは、「選ばれしエリートのみ」といった感があります。私が思うに、どうもTOEICは神格化されすぎているようです。みんなが「難しい、難しい」と騒ぐものだから、それに感化されて、本当に難しく感じてしまっているように思えてなりません。「これだけ難しいTOEICで900点を超えるには、たくさんの教材をこなさなければならない」という強迫観念に駆られて、むやみやたらと勉強してしまっている人が多いように思われます。

「TOEICで900点取るのは難しい」と思われている第一の理由はここにあります。「参考書や問題集を山のようにこなさなければならない」と勝手に思いこんで、自分で自分に過剰なプレッシャーを与えてしまっているのです。必要以上にTOEICを難しくしてしまっているのです。

そこで私がこの本で提唱したいのは、「思い切って教材を公式問題集のみに絞り込もう」ということです。あれもこれもとたくさんの教材をこなさなければならないと思うから、TOEICの学習が大変だと感じるのです。それならばいっそのこと、一つの教材だけに集中して取り組むようにすればいいのではないでしょうか。「公式問題集だけをやればいい」。そう考えるだけで、かなり負担が減ったと感じませんか？　しかも私の提唱するやり方では、公式問題集の「解答・解説編」しか使いません。「問題編」は使わないので、その分量はさらに半分になります。試しに、公式問題集の「解答・解説編」だけを6冊束ねてみてください。それほど分厚くはならないでしょう。これだけをやればいいのです。

やるべき教材を公式問題集に絞り込むことによって、TOEICを難しくしている最大の関門をクリアすることはできました。しかし、やはり900点以上のスコアを取るのは至難の技のように思われます。TOEICが難しいと言われているのは、膨大な学習量が要求されるというだけでなく、その内容についても看過することができないからです。

多くの受験生がTOEICの問題を前にしてひるんでしまうのは、大きくわけて3つの理由があるからだと思います。

・膨大な量の長文を読みこなさなければならない
・次から次へと流れてくる英語音声を聞き取ることができない
・文法問題には、大学受験のそれとは異なる難しさがある

「長文読解」「リスニング」「文法」。この3点を攻略しない限り、TOEICで高得点は望めません。そしてやっかいなことに、私はこれら3つとも苦手でした。本来ならばじっくりと腰を据えてこれらの難題に挑戦し、歯を食いしばって克服しなくてはならないのでしょうが、私はそうはしませんでした。私が選んだのは、真正面からぶつかることではなく、少々ずるいやり方です。詳しくは後ほど章をあらためて解説しますが、以下で簡単に述べてみます。

「長文読解が苦手」という人のための勉強法

ＴＯＥＩＣを難しくしている最大の原因は、なんといってもあの膨大な量の英文でしょう。あの長文を読みこなせないばかりに、制限時間以内に解答することができず、最後の１分間はむなしくマークシートの「塗り絵」をする羽目になるのです。ＴＯＥＩＣで高得点をはじき出すには、この長文読解を攻略することが不可欠なのですが、これを苦手としている人は多いです。私もそうでした。最初の数文は気力だけでなんとか食らいついていこうとするのですが、後の方になると疲れてしまって、なかなか意味が頭に入ってきません。時間だってかかります。

そこで横着者の私は、自力で英文を読み解くことは諦め、さっさと日本語訳を読むことにしました。すると、あんなに難解に思われた英文が、スラスラと読めるではありませんか。時間だってそれほどかかりません。ほとんど立ち止まることなく最後まで読み終えることができます。頭だってそれほど疲れません。だって、ほとんど頭を使ってないのですから。

先に日本語訳を読んでいるわけですから、文章の内容はすでに頭に入っています。その上で英文を読むのですから、簡単に感じるのは当然です。知らない単語があったとしても、日本語訳からその意味を類推することは容易です。わざわざ辞書をひくあのわずらわしさはありません。複雑な構文をウンウンうなりながら自力で解析しなくとも、日本語訳と照らし合わせれば、その英文が言わんとしていることは簡単に理解できます。

日本語訳を読む際は、一気に全部の文章を読むのではなく、1文ずつ読みます。日本語訳を1文だけ読んだ後すぐに、対応する英文を1文だけ読むのです。こうすることによって、未知の単語や構文を類推することが容易になります。どんなに膨大な長文でも、短文の集合にすぎません。一文ずつ解釈していけば、途中で集中力が途切れることもないのです。

先に日本語訳を読んでおけば、スラスラと英文が読めます。この爽快感が英語学習には必要なのだと私は思います。英語の文章を読むのが楽しくなり、どんどんと新しい文章を読むことができます。TOEICの試験に必要なスピード感も身に付きます。英語をマスターするためには多読が不可欠ですが、初心者のうちは英文読解にかなり時間がかかります。自力で訳していると、ある一定の実力がつくまでに膨大な学習量が必要となってしまうのです。しかし、先に日本語訳を読むことによって、この問題は解決することができます。短時間のうちに大量の英文を読むことができるため、飛躍的に英語の実力をアップさせることが可能となるのです。

「まず日本語訳を読む。それが長文読解の攻略法だ」

私がこう言うと、必ずブーイングが沸き起こります。

「そんなやり方で英語の力がつくはずがない！」

そういう人たちは、いったいなにを根拠にそう言っているのでしょう。実際に自分でやってみたことがあるのでしょうか。私は実際にこのやり方で、TOEIC930点を獲得しました。その後同じ方法で、通訳案内士の試験にも合格しました。現在は現役の通訳として、英語で生計を立てています。先に日本語訳を読むやり方で、確実に英語の実力はつきます。安心して取り組んでください。

「リスニングが聞き取れない」という人はどうすればいいか

ほとんどの日本人は「リスニングが苦手」だと思います。私もそうでした。「英語がペラペラになりたい！　かっこいい英語をしゃべりたい！」と思い、洋画を字幕なしで見ようとして、何度も挫折した経験もあります。今は受験科目にリスニング試験を導入している大学もあるようですが、私が受験生だった20数年前には、リスニング教育は軽視されていました。なので、私は、本格的なリスニング教育を受けていないのです。これでは、TOEICで高得点を取るどころか、リスニング問題を正解することすらおぼつきません。

そんな状態でしたから、TOEICの問題も当然のごとく解けませんでした。外国人のナレーションもまったく聞き取れませんでした。なのでCDを聞くことは諦め、まずはテキストを読むことから始めたのです。例のごとく、まずは日本語訳を読み、それから英文を読みました。英文を何度か繰り返して読んで、ある程度理解できた後、あらためてCDを聞くと、今度はかなり聞き取れるようになっていました。しかし、半分くらいはまだ聞き取れません。なので再びテキストに戻り、さらに数回英文を読みこみました。そしてまたCDの聞き取りに挑戦したところ、今度はさらに聞き取れるようになっていました。もう一度テキストに戻り、さらに英文を読みこめば、今度こそCDの音声を完璧に聞き取ることができるかもしれません。しかし、私はそうはしませんでした。この1問のために、すでにあまりにも時間がかかりすぎています。こんなペースでやっていては、試験本番にはとても間に合いません。

そこで私はやり方を変えました。日本語訳と英文を読んだ後は、CDを聞くときもテキストの文字を眺めるようにしたのです。リスニングを放棄したのです。CDから聞こえてくる音声に合わせて、テキストの英文を目でなぞることに意識を集中させました。当時の私のヒアリング力では、それが精いっぱいだったのです。TOEICの試験当日まで、私はこの方法でCDの音声を目でなぞっていました。リスニング問題をテキスト無しに解くことはしないまま、本番を迎えたのです。こんな状態だったので、高得点など期待していなかったのですが、自分でも驚くほどの結果がでました。リスニング部門では満点に近い点数を獲得することができたのです。

ほとんどの英語指導者は、「CDを聞く際には、テキストを見てはいけない」と指導します。それが英語学習の常識でもありました。しかし、私はこのやり方には疑問を感じます。特に英語の初心者は、CDの音声を聞いても時間の無駄になるだけだと考えます。TOEICのリスニング問題はかなりつくりこまれています。試しにリスニング部門の問題をCDを聞かず、テキストのトランスクリプションを読んで解答してみてください。スラスラと全問正解できるでしょうか？　ほとんどの人は無理だと思います。目で見て解けない問題を、音声のみを聞いて正解することなんて不可能です。読んで理解できないものを、聞いて理解するなんて無理なんです。

リスニングが苦手な人は、いきなりCDを聞いてはいけません。まずはテキストの日本語訳を読んで、その後対応する英文を読みます。英文の内容が理解できたら、今度はテキストの文字を目で追いながらCDを聞きましょう。

「文法は嫌い」という人はここだけを読めばいい

日本人のTOEIC受験者の多くは、文法問題セクションで点数を稼いでいる、という話を聞いたことがあります。受験英語で鍛えられているせいか、日本人はこういう形式の問題には強いのかもしれません。しかし、私は文法問題が苦手です。文法書を購入して読もうと努力しましたが、3ページも進まないうちに挫折してしまいました。

しかし、TOEICで高得点を狙うには、苦手な文法問題といえども捨ててかかるわけにはいきません。このセクションの問題文は短いので、短時間で解答することができます。ここを得点源とすることができれば、かなりのアドバンテージとなるのです。

そこで私がとった方法ですが、ここでもやはり公式問題集のみを使用しました。確かに、世の中にはすぐれた文法書も存在します。腰を据えてじっくり取り組めば、確実に実力がアップすることでしょう。なかにはTOEICの文法問題に特化した参考書だってあります。たっぷりと紙面を割いて、「どうしてこれが正解となるのか」を懇切丁寧に解説してくれています。しかし、私にはあいませんでした。詳しい説明は、私にとってはまどろっこしく感じられ、最後まで集中力をもって読み通すことができないのです。

その点、公式問題集の解説はコンパクトにまとめられています。問題を解くのに必要最小限のことしか書かれていません。しかし、ここに書かれていることはすべて重要なポイントですので、一言一句見逃さないように読みこみました。分量はそれほど多くないので、集中力を途切らせることなく最後まで読める点も、私にはあっていたようです。

公式問題集の解説はとてもコンパクトですので、なかには完全には理解できない項目もありました。そんな時でも他の文法書を参照することはしません。そんなことをやっていたら、時間がいくらあっても足りないからです。問題文と解説を何度か熟読して、それでも理解できない項目はそれ以上深入りするのはやめておきます。そのかわり、解答を書き込んだ問題文を何度も読んで、正しい文章を頭に刷り込むようにしました。例文を暗記するというよりは、正しい用法を体に覚えこませるといった感覚です。日本語の文章の場合、いちいち「てにをは」

を理屈で考えている人はいないと思います。でも、間違った文章を見たら感覚的に「おかしい」と感じますよね。あれと同じ境地になることを目指したのです。

通常、この感覚を身に付けるには、何年もかかるはずです。私たちが長い年月をかけて日本語の感覚を磨いていったように、大量の英文を浴びるように読んで初めて身に付くものだと思います。しかし、ＴＯＥＩＣの文法セクションでは、似たような項目が手を変え品を変え繰り返し問われています。なので、公式問題集をマスターしておけば、問題を解くのに必要な語感を身に付けることができるのです。

文法が苦手だという人は、分厚い文法書に手を出してはいけません。ますます文法嫌いになるだけです。それよりも、公式問題集の解説を熟読して理解することに努めましょう。もしもそこに書かれていることが理解できなくても、決して深入りすることなく、解答を書き込んだ問題を暗記してしまうほど繰り返し読んで、ＴＯＥＩＣの求めている語感を磨くことにエネルギーを注ぎ込んでください。

英語学習に年齢は関係ない

一般に、語学学習は若ければ若いほど有利だと言われています。確かにその通りでしょう。小さいころに海外で生活する経験を与えられた「帰国子女」と呼ばれる人たちは、さほど苦労せずにネイティブなみの英語力を身に付けています。彼らは天才ではないでしょうし、血のにじむような努力をしたわけでもありません。若い脳は貪欲に知識を吸収することができるのです。

ところが、ある程度の年齢に達してしまった大人はそうはいきません。覚える速度はあきれるほど遅いですし、苦労して覚えてもすぐに忘れてしまいます。発音だってベタベタの日本人英語。私は現在、通訳として生計を立てています。職業柄、帰国子女の人たちと会う機会もあるのですが、彼女たちの流ちょうな英語の前では、自分の拙い英語が恥ずかしくなります。子供の脳と大人の脳とではその構造が違います。やはり、幼少の頃から英語の環境に置かれてきた人たちにはかないません。

しかし、年齢がいっているからといって英語習得をあきらめる必要はありません。少なくとも、TOEICで900点を超えるくらいでしたら、年齢の壁は気にする必要はないです。実際、私が英語の勉強を本格的に開始したのは40歳を越えてからです。それでもあっさりとTOEICで930点を獲得することができました。その後さらに勉強して、ついには通訳案内士の試験にまで合格してしまったのです。

もちろん、語学学習において、記憶力は重要な要素となってきます。単語、熟語、慣用句、構文、文法……。覚えなくてはならないことはいくらでもあります。頭の中に蓄えたストックが多ければ多いほど、スムーズに英文を読みこなすことができますし、逆に、知っている知識が少なければ、それだけつまづく個所も多くなります。

しかし、記憶力が衰えた人間でも、英語習得を諦める必要はまったくありません。大人には大人のやり方があります。方法さえ誤らなければ語学習得はじゅうぶん可能なのです。

一般に、英語の勉強と聞いて、多くの人は「単語カード」や「単語集」のようなものを思い浮かべるのではないでしょうか。しかし、私はその類のものは一切利用しませんでした。というのも、私は暗記が大の苦手だったからです。無味乾燥な単語を機械的に覚えていくなんて、私にとっては苦行以外の何物でもなかったのです。

また、分厚い文法書の類も一切利用しませんでした。なぜだかわかりませんが、文法書には分厚いものが多いです。あんなものとまともに格闘していたら、一年や二年なんてあっという間に過ぎ去ってしまいます。私にはそんな時間も根性もありません。小難しい文法用語がでてくるたびに頭が痛くなってしまいますし、もうけっして若くない私の脳は、細かい文法法則を覚えることを拒否しました。

確かに、多くの大学受験生は単語集を暗記し、分厚い文法書に載っているたくさんの文法を記憶することに精力を注いでいます。社会人になってからも、同じように頑張っている人もいるかもしれません。彼らの努力には、本当に頭が下がります。そのような方法が、英語、ひいては語学習得の王道であることを、否定はいたしません。ただ、私にはそれができなかったというだけです。そして、そんなことをせずとも、ＴＯＥＩＣで９００点は取れるということでもあります。

では、単語集も文法書も暗記しなかった私は、いったいなにをやったのか。

公式問題集です。それしかやっていません。公式問題集に出てくる単語を覚え、公式問題集で問われている文法事項を理解する。たったこれだけです。無限の記憶力を有する幼児や、すべての時間を受験勉強に充てることができた受験生と同じことをやっていても結果はでません。記憶力と時間に限りのある大人は、持てる資源を有効に利用する必要があります。すべての戦力を一点に集中させるのです。何冊もの参考書や問題集に手を出してはいけません。貴重な記憶力や有限の時間の無駄遣いとなるだけです。やるべき教材は公式問題集に絞り、それを徹底的にマスターする。記憶力の衰えた人間には、これが最も効率的な方法となります。

公式問題集を覚えるといっても、紙に書きだして記憶カードを作ったり、ぶつぶつと念仏のように唱えて暗唱したわけではありません。何度も何度も繰り返し読んだだけです。一度理解した問題を、記憶が薄れないうちに間髪を入れずに読み返す。「覚えよう」という意識をもったまま、何度も何度も読み込む。それだけです。こんなもの、テクニックでもなんでもありません。

「なんだ、馬鹿にしてるのか?」と思われるかもしれませんが、この方法が一番早く、最小のエネルギーでTOEIC900点を攻略できる方法です。特別な才能はいりませんし、要領の良さも不要です。ただ愚直に繰り返すのみ。誰にだってできます。TOEICの問題に出てくる単語だけに的を絞って覚え、TOEICで問われているそのままの形で文法事項も覚えてしまう。これほど効率的な方法は他にはありません。

「記憶すべき素材を公式問題集のみに限定し、覚えようという意識を持ったままひたすら繰り返し読みこむ」。たったこれだけの作業を試験当日まで繰り返すだけで、TOEICで900点を獲得できます。記憶力の衰えは問題になりません。

TOEIC900点は難しくない

あなたはTOEIC900点と聞いて、どういうイメージを思い浮かべるでしょうか？

もしかしたら、

「英語ペラペラで、洋画は当然字幕なし。英字新聞をスラスラ読みこなす」

こんなイメージを持っているかもしれません。

私もそうでした。TOEIC900点のスコアに到達できるのはほんの少数の限られた人間。帰国子女や海外留学経験でもない限り、凡人が到達するのは至難の業。はるかな道のり。自分がそのレベルに達するまで、いったいあと何年かかるだろう、と途方に暮れたものです。

そういうわけだったので、初めて受けたTOEICの結果が送付されてきた時も、あまり期待はしていませんでした。

「きっと悪いスコアだろうけど、それが今の自分の実力なんだから、結果を素直に受け止めて、今後の勉強の指針としよう」

そんな感じで開封したのです。


ところが、スコア欄を見てびっくり！　なんとそこには、

「TOTAL SCORE 930」

と書かれているではありませんか。私は自分の目を疑いました。

「これはなにかの間違いなんじゃないだろうか？　ひょっとして他の人の結果が間違って送られてきたとか」

しかし、何度見直してみても間違いありません。確かに私のスコアは930点です。リスニング・セクションにいたっては、495点満点中480点も獲得しています。

いやいやいやいや。私そんなに英語できないし！　洋画は字幕なしではまったく理解できないんですけど。


「TOEIC900点ホルダーは使えない」

以前からこの噂は何度か聞いたことがありました。そして自分が900点を実際に獲得し

てみて確信しました。それはまぎれもない事実です。TOEICで900点を取ったくらいではまったくお話になりません。英語の勉強はまだまだ果てしなく続きます。だからこそ、最初の関門であるTOEIC900点は軽く突破してしまわなければならないのです。こんなことに何年も費やしている時間はありません。

繰り返しになりますが、TOEIC900点の壁というのはあなたが思っているほど高くはありません。私は洋画を日本語字幕付きで見ていますし、英字新聞なんて見ただけで頭が痛くなります。ペーパーバックを1冊読み通した経験だってありません。そんな私でも930点くらいなら数週間の勉強で取れてしまうのです。

「TOEIC900点は難しい」

そんな誤った先入観に惑わされないようにしましょう。

第2節 遠回りの勉強をしてはいけない

書店の英語コーナーに行けば、ＴＯＥＩＣ関連書籍は山のように積み上げられています。もちろんこれらすべてに目を通すことなんて不可能ですから、いくつか良さそうなものをピックアップする必要があるのですが、英語初心者にはいったいどれを選べばよいのかわかりません。そこで「ＴＯＥＩＣの勉強法」なる書籍を参考にしたり、ネット上のブログなどのお勧め情報に頼ることになるのですが、これがかなりの分量にのぼります。単語、熟語、文法、読解、リスニングなど、それぞれの分野ごとに数冊の参考書を挙げています。セクションごとにわけた参考書だってあります。それに加えて問題集もこなさなければならないのですから、その数はさらに膨大なものとなります。

「うへぇー。ＴＯＥＩＣ９００点ってやっぱり難しいんだなあ。こんなにやらなきゃならないのか」

英語の達人たちの提唱するＴＯＥＩＣ攻略プログラムを前にして、多くの人がため息をついて途方にくれることになるのです。

でも、ほんとにこんなにたくさんの量をこなさなければいけないのでしょうか。
そんなことはありません。そもそもＴＯＥＩＣは大学受験のような「落とすための」試験ではなく、受験者の英語力がどの程度なのかを測るための試験のはずです。９００点の実力がある人が受ければ、９００点のスコアがでるように設計された試験なのです。主催者側の考える「これだけのことが理解できていれば、９００点あげますよ」という基準をクリアしさえすれば９００点は取れるはずなのです。

では、主催者側の考える、「９００点に必要な知識」とはどの程度のものなのでしょうか。それを示したのが公式問題集なのです。公式問題集の中に書かれている９００点分の知識をマスターしさえすれば、本番でも９００点取れるようになっているのです。

私はＴＯＥＩＣを1回しか受験していません。なのであまりえらそうなことは言えないのですが、ちまたで言われているほどＴＯＥＩＣは難しくないな、というのが正直な感想です。私はＴＯＥＩＣ対策としては公式問題集しかやりませんでしたが、それでじゅうぶん太刀打ちできました。他の参考書や問題集は必要ない、というのが私の率直な意見です。
以下、具体例を挙げて詳しく述べます。

天才・秀才の勉強法を真似してはいけない

ここまでの私の話を聞いて、

「なんだコイツ、たいしたことないな。本を書くなら、せめてTOEIC満点を連続して取ってからにしろよ」

と思われた方も多いでしょう。

はい、その通り。私の英語力は限りなく低いです。この程度の英語レベルで「TOEIC900点持ってます」なんて、恥ずかしくてとても人前では言えません。しかし、逆に言えば、この程度の英語力でもTOEIC900点はあっさりクリアできてしまう、という証明でもあります。

確かに世の中には、とんでもなく英語のできる人がいます。TOEIC関連の書籍を出している人の中には、「TOEICモンスター」だとか「TOEICキング」などの異名をとる人も少なくありません。本当に彼らはすごいです。何十回も連続してTOEICを受け続けたり、連続して満点を獲得したり……。私には決してできませんから。そんなこと。

書店に行けば、「TOEICの勉強法」の本はたくさんあります。でも、「英語の達人」の提唱する勉強法を凡人が真似してみたところで、効果は薄いと思います。そもそも、凡人には実行不可能な過酷なカリキュラムを彼らは押し付けてきます。いくつか例をあげますと、

「VOAでは物足りない。CNNを一日中かけっぱなしにして聞き続けよ」

英語放送を聞きっぱなしにすることによって、「英語耳」を養成しよう、と提唱する人がいます。これは一見すると合理的な勉強法のように思えます。「聞くだけ」でいいのなら、なにか他の作業をしながらでもできますし、なにより楽ちんです。

しかし、ながら作業でBGM替わりに英語放送を聞き続けても、頭には何も残りません。そもそも私は集中して聞きこまないと、理解できません。ネイティブならぼーっとしてても英語の意味が自動的に頭に飛び込んでくるのかもしれませんが、日本人にそれを要求するのは酷というものではないでしょうか。

どうせ聞くのなら、TOEICの公式問題集に付属するCDを聞く方がはるかに得点力アップにつながります。

「模擬試験形式の実戦問題を時間を測って解け」

常に実戦形式を意識して勉強せよ、という講師もいます。しかし、彼らは知らないのです。2時間も英語と格闘するのが、どんなに骨の折れる作業であるかを。それに、TOEIC初

心者がいきなり問題集に取り組んだところで、時間内に解ききれるわけがありません。解けた問題は半分も正解できていないでしょうし、リスニングにいたってはまったく何を言っているのか聞き取れず、ただCDの前に座っているだけという状態に陥るのが関の山。まったく時間とエネルギーの無駄となる可能性が大です。TOEIC問題集は解いてはいけません。

「ペーパーバックを利用して、多読・速読脳を作れ」

多読を推奨する講師も多いです。確かに、たくさんの英文に触れることによって、英語感覚が身に付きますし、単語や文法を暗記の苦労なく覚えることもできることでしょう。私も多読には大いに賛成します。ただし、彼らの推奨する方法・素材とは別の方法で。

私は、多読の素材としてペーパーバックを利用することには反対です。ネイティブの小学生向けのペーパーバックでさえ、普通の日本人には読み通すことは困難でしょう。第一、日本語のまったく書かれていない、英語だらけのページをめくるだけで拒否反応を起こしてしまいます。ハリー・ポッターの原書に挑戦して挫折した人も多いのではないでしょうか。対象年齢を落とせばさすがに読めるようになるかもしれませんが、単語レベルを落とせばそれだけ文章の内容も低くなります。こんなものをいくら読んだところでTOEICの点数に直接結びつくことはありません。ペーパーバックではなく、TOEICの公式問題集を読みこみましょう。

また、「英語の達人」の組む「TOEIC900攻略カリキュラム」というのは、えてしてスパルタ的なものになりがちです。何十冊もの参考書・問題集を掲げておいて、「これをすべてこなせばTOEIC900点は見えてくる」と豪語したりします。そりゃあそれだけの量をこなせばいやでも英語の力は身に付くでしょうよ。こなせればね。しかし、そんなに大量の教材、凡人がこなせるはずがありません。途中で挫折してしまうのがオチです。

あなたの目標はなんでしょうか？　もしもあなたの目標が「TOEICで満点獲得！」といったものでしたら、「英語の怪物たち」の組む殺人的なカリキュラムに従って勉強するのも一つの方法かもしれません。

でももし、「さくっと900点取って履歴書に書ければそれでいいや」といったものでしたら、もっと簡単に達成できますよ。何十冊もの参考書や問題集に手をだす必要なんてどこにもありません。公式問題集だけでじゅうぶんです。人生の時間は有限です。英語だけにすべての時間をささげるわけにはいかないのです。

予備校なんて必要ない

私はTOEIC対策に予備校は必要ないと考えます。TOEICはすべてマークシート式で行われます。作文もスピーチもありません。ただ読めて聞ければ点数をもらえる試験です。読んで聞くだけなら、全部自分でできます。予備校を利用するメリットはまったくありません。

人によっては解答テクニックのようなものを伝授してもらえると期待しているのかもしれません。しかし、TOEICに受験テクニックは必要ありません。英文が読めて聞き取れればきちんと900点に達するようにできている試験なのです。小手先のテクニックに時間を割くくらいなら、その時間を使って少しでもたくさんの英文を読んで聞いた方がはるかに得点アップにつながりますし、なによりも英語力の向上につながります。変なテクニックをいくらマスターしたところで、英語は上達しません。

ただ、一つだけ例外があります。

「公式問題集の日本語訳や解答を見てもさっぱり理解できない」

このレベルの人は自力で学習を進めることが困難なので、優秀な講師に教わったほうが結局は近道となる場合もあります。

しかし、それ以外の人には予備校なんて必要ありません。どんなに優秀な講師の授業に出席したとしても、結局は自力で英文を読みこみ、聞きこまなければ実力を向上させることはできないのですから。日本語訳と解答を最初に見て、対応する英文が理解できる人なら、独学でじゅうぶん９００点取れます。解説があまりよく理解できなくても、文法事項があやふやでも問題ありません。ＴＯＥＩＣはそこまで高度な知識を要求していないのです。不安に駆られて、受験産業に多額のお布施をするのはもうやめましょう。

英字新聞なんて読むな

ＴＯＥＩＣ対策として英字新聞を読むのは費用対効果が悪すぎます。うんうんうなりながら苦労して読んだとしても、日本語訳がないので、自分の解釈があっているのかどうかすらわかりません。それに、いかに良質な英字新聞といえども、すべての記事がＴＯＥＩＣの出題傾向に合致しているわけではないので、必ずしもスコアアップに結び付くことにはならないのです。

また、漫然と読んでいるだけではスコアアップに必要な「解答力」はけっして身につきません。問題と選択肢を検討してこそ、得点に結びつく力はつくものなのです。だらだらと英文記事を読んでいるだけでは、まぎらわしい選択肢を切る能力は獲得できないのです。

もちろん、英字新聞を読むことは長い目で見れば確実に英語力アップにつながります。良質の英文に大量に触れることによって英語のセンスが身につきますし、時事問題にも強くなります。なにより、「生きた」英語を素材としているため、知的好奇心が刺激され、勉強していてもとても楽しいです。

しかし、それとTOEICのスコアアップとはまた別物です。TOEIC対策としては、公式問題集に勝る教材は他にはありません。短期間でTOEICのスコアをアップさせたいのなら、まずは集中して公式問題集に取り組みましょう。どうしても英字新聞を読みたい場合は、TOEICの学習時間とは別に趣味として読むようにしてください。

CNNは聞くな

CNNやVOAなど、インターネット上では無料で英語放送を視聴できるようになりました。英語学習者にはなんともありがたい環境です。ヒアリング力アップのために、これらの英語放送をかけっぱなしにしている人もいるかもしれません。

しかし、残念ながらTOEICのスコアアップにはほとんど効果はないと思います。漫然と聞いているだけでは、なにも頭に入ってきません。

「そんなことはない。ネイティブの赤ちゃんだって英語のシャワーを浴びることによって話せるようになるんだ。この原理が間違っているわけがない」という人もいるでしょう。現にこの方法を推奨する著名人もいます。私の尊敬する大前研一氏や野口悠紀雄氏もFENやCNNのヒアリングを著書で推奨されています。

でも、大人の脳は赤ちゃんのそれとは根本的に異なるのです。野口氏や大前氏はすでに大量の英文が頭にインプットされていたのでしょう。そうではない普通の人がいきなりCNNを聞いても、聞き取れません。野口氏は「最初はレベルを落としてVOAのように簡単なものから聞き始めよ」とおっしゃっていますが、それでも平均的な日本人にはハードルが高すぎます。

もちろん、英語をひたすら聞き続ければ、いつの日か突然英語が聞き取れるようになるかもしれません。でも、それがいつになるのかは誰にもわからないのです。効果がでるかどうかもわからないことに、何千時間もつぎ込めるほど暇な人はいないはずです。

「英語を聞き流す」方法が有効なのは、年齢の低い子供、生まれつき頭がとても良い人、またはすでにある程度英語を読みこんできた人だけです。普通の人がただ英語を聞きっぱなしにしていても、ＴＯＥＩＣのスコアを短期間にアップすることは期待できません。

とはいえ、耳からの学習にも便利な点はあります。英文を読みこんで目を酷使したり、問題を解いて頭が疲れていても、ＣＤを聞くだけなら目をつぶっていてもできます。通勤・通学の電車の中や、雑用をしながらでも音声に耳をかたむけることはできるので、時間を有効に活用することができます。なので、耳からの学習自体を私は否定はしません。

ただ、どうせ聞くのなら、ＣＮＮやＶＯＡをかけっぱなしにするのではなく、ＴＯＥＩＣ

のスコアアップに直結する公式問題集のCDを聞きこんでください。そしてその際には、すでに学習し終わったものを聞くようにしましょう。一度しっかりと学習した教材ならば、多少ぼーっとしていても頭に入ってくるものです。「何を言っているのかまったく聞き取れない」という状況に陥ることはないでしょう。

単語集は不要

現在、TOEIC対策に特化した単語集がいくつも出回っていますが、それらは不要です。ちまたで言われているほどTOEICに出題される語彙のレベルは高くありません。英検1級の語彙問題対策なら、それ相応の準備が必要かもしれませんが、ことTOEICに関しては特別な対策は必要ありません。単語集を使って機械的に丸暗記するよりも、長文を読みこんでいく過程で自然と覚えていく方がはるかに効率的ですし、しかも楽しいです。

いくら難しい単語を覚えたとしても、それだけでは長文を素早く読みこなすことはできません。それに、単語集を何冊もこなしたとしても、本番の試験では必ず知らない単語にでくわします。すべての単語をあらかじめ覚えておくなどということは費用対効果が悪いですし、そもそも不可能なのです。未知の単語にでくわしても、前後の文脈から意味を類推しながらどんどん読み進めていく。そういった練習が不可欠なのです。なので単語集ではなく、長文を読みこむことにエネルギーをそそぎましょう。

「現在持っているボキャブラリーの量があまりにも少なすぎて、日本語訳と照らし合わせても理解できない」

このレベルの人は、いきなりTOEICの長文を読みこなせないかもしれません。その場合も単語集ではなく、英検対策書籍の「文で覚える単熟語」（2級、準1級）シリーズや、Z会の「速読英単語」（入門編、必須編）などをおすすめします。これらの書籍は、まとまった量の英語の文章を読むことによって単語を習得するというコンセプトだからです。

もちろん、ちょっとした細切れ時間を無駄にしないために単語集を利用するのはいいことです。その場合も、例文が載っている物を選ぶようにしましょう。とくに、実際にTOEICに出題された例文を使用している物がよいです。最近ではスマートフォンのアプリでも、TOEICに特化したものが多数出回っています。自分のレベル、好みにあったものを利用すれば、隙間時間を有効に活用できます。

しかし、いずれにせよ、TOEIC対策には公式問題集以上の教材はありません。公式問題集の「Words & Phrases」はとても充実していますし、解説中でも語句の説明を詳しくしています。市販の単語集を購入する前に、まずはこれらをしっかりと活用しましょう。

文法書も不要

実を言うと、私は文法があまり得意ではありません。大量の英文を読みこむことによって、なんとなくフィーリングで理解しています。そんな私でも、本番の試験では、文法セクションでもほぼ満点を取ることができました。TOEICの文法問題は難しくありません。大学受験の方がよっぽど高度なことを聞かれます。

TOEIC対策に分厚い文法書はいりません。公式問題集の解説を読むだけでじゅうぶんです。その際も厳密に理解する必要はまったくありません。次に似たような問題に出会った時に、「なんとなくこれかなー」と思える程度の理解力で十分です。

「そんなので大丈夫なのか?」と不安になる人もいると思いますが、TOEICが求めているのは学問的な知識ではなく、日常生活で使える英語力なのだと私は考えます。日本語を話す時にいちいち文法的な理屈を考える人はいないと思いますが、それと同じように、ＴＯＥＩＣの文法問題も不自然な選択肢を感覚的に排除できるようになれば、高得点が取れるように設計されています。

通常、その感覚を身につけるためには、長期間にわたってたくさんの英文を読みこむ必要がありますが、しかし、ＴＯＥＩＣの文法問題を解くだけでしたら、それほどの労力は必要ありません。公式問題集に書かれていることをマスターすれば十分です。なぜなら、公式問題集にはＴＯＥＩＣの出題者側が「これだけはマスターしておいてほしい」と思っている文法項目が網羅されているからです。公式問題集を数冊こなせば、同じような事項が繰り返し問われていることに気づくでしょう。

なので、公式問題集に載っていない文法事項は、とりあえず無視しておいてください。まずは公式問題集を完璧に仕上げることを優先させましょう。

公式問題集の解説を読んでもどうしても理解できない、納得できない場合には、文法書を辞書代わりに参照してみてもいいかもしれません。しかし、私は文法書は利用しませんでした。正解の文を何度も繰り返し読むだけで、本番の試験では９００点を超えましたから。ＴＯＥ

ICの文法問題対策としては、公式問題集のPart. 5とPart. 6に載っている英文を、暗記用構文集だと思って取り組むのが一番効率のよい方法です。

詳しいやり方は後で述べますが、いきなり問題を解いてはいけません。最初に自力で解いてしまうと、誤った知識を頭にインプットしてしまうおそれがあるからです。まずは日本語訳と解説を確認して、正解の選択肢を把握した後、問題文を何度も何度も読み込みましょう。

辞書もほぼ不要

TOEICの学習に辞書を使うのは効率が悪いです。まず公式問題集の日本語訳を読んで、それから英文と照らし合わせます。それで理解できれば辞書を引く必要はありません。もしも日本語訳と英文を照らし合わせても理解できなければ、その時に初めて辞書を利用すればいいのです。その際にも、公式問題集の英文中で使用されている意味だけを確認するようにしてください。その他の訳語や例文にまで目を通していたら、時間がかかってしかたがありませんから。

同じ理由で、英英辞典も不要です。確かに英英辞典はネイティブの英語感覚に近づくためには有効なのですが、膨大な時間とエネルギーを必要とします。TOEICの得点に必ずしも直結するわけではないので、とりあえずは手を出さない方が無難です。

一つの英単語につき、複数の日本語訳が存在する単語もあります。その場合には、公式問題集の文中で使用されている意味を優先して覚えましょう。単語学習には終わりがなく、無限に続きますが、TOEICの求めている単語量は有限だからです。

第3節 最短距離の勉強法

これまでに述べてきたように、余計なものに目移りしてはいけません。公式問題集のみにエネルギーを集中させましょう。それだけで900点は取れるのですから。公式問題集5冊をこなすだけで、すくなくとも5週間はかかるのです。他の事をやっている余裕はありません。

現在、公式問題集はVol.1からVol.6までの6冊が発売されています。私が受験した時にはVol.5までしかでていなかったので、5冊しかやりませんでした。なので、5冊こなすだけで900点は超えるのですが、できれば6冊全部やりましょう。

よく、

「Vol.1やVol.2は内容が古い。現代の出題傾向に合致していないからやる必要はない」と言う人がいますが、そんなことはありません。公式問題集は「これだけはマスターしておいてほしい」という出題者側からのメッセージです。たとえ出題形式や難易度が変わったとしても、そこに収められている単語や文法などは繰り返し問われます。なので手に入る公式問題集はすべてやることが鉄則ということになります。そしてそれこそが最短距離の勉強法ということになります。

「公式問題集は高い！」という人がいますが、そんなことはありません。広告でよく見かける英語教材は、一式数万円はしますし、スクールに通ったらそれこそ何十万円もの出費を覚悟しなければならないのです。また、独学でやっている人でも、この参考書、あの問題集とあちこち手を出しているうちに、気づけばかなりの額を書籍代として投資してしまっている人も多いでしょう。

それに比べれば、公式問題集なんて安いものです。1冊3000円ほどですよ？　たったそれだけの投資で、履歴書に「TOEIC900」と書けるのなら、安いものだと思うのですが。そしてここだけの話、公式問題集には次回のＴＯＥＩＣで出題される問題の答えが書いてあります。出題者のお墨付きで合法的にカンニングができるのに、公式問題集をやらない理由があるでしょうか？

「公式問題集は最速・最強のＴＯＥＩＣ対策である」

というのが私の持論ですが、これはなにも真新しい意見ではありません。世の中には数多くのＴＯＥＩＣ勉強法が出回っていますが、そのほとんどで公式問題集の重要性に触れています。しかし、

「公式問題集だけで９００点取れる！」

と言い切った人はこれまでにいません。なぜでしょうか？

理由は2つあると思います。まずは一つ目。ＴＯＥＩＣの対策本の著者は、いろいろと問題集なども出版している人が多いですよね。そういう人はやはり、自分の著作を多くの人に読んでもらいたいと思っているはず。そんな人が「ＴＯＥＩＣ対策には公式問題集だけで十分！　他の本は一切必要ない！」なんて言えませんよね。自分で自分の出版物を否定することになるわけですから。

そして2つ目の理由。「公式問題集だけやってれば900点なんて楽勝だ！」なんて、怖くて誰も言えないんです。「そんなわけねーだろっ！　無責任なこと言うな！」という反応が返ってくるのが目に見えてますから。実際私も、周りの人に自分の勉強法を披露したところ、誰も相手にしてくれませんでした。ある程度本気でＴＯＥＩＣ対策に励んでいる人ならば、誰だって公式問題集をやったことがあるはずです。それにもかかわらず、900点以上のスコアを取れるのはほんの一握りの人間だけ。私の言う「公式問題集だけで900点取れる」というのが真実ならば、ほとんど全員が結果を出せているはずなのです。だってみんな、公式問題集だけでなく、もっとたくさんの教材をこなしているのですから。

ここに大きな誤解があります。「公式問題集だけで900点取れる」のに、みんな公式問題集以外のものに手を出し過ぎているんです。最短距離の学習法がそこにあるというのに、それを無視して、余計なことばかりやってしまっているんです。いや、そもそも、公式問題集の使い方自体を間違っているんです。

公式問題集は今すぐやる！

よく、公式問題集は最後の力試しとしてとっておく人がいます。これはまったく間違った勉強法です。公式問題集さえやれば９００点取れるのに、そして公式問題集に書かれている内容こそが最も重要なのに、それをやらずに他の教材ばかりやるなんて、まさに愚の骨頂としか言いようがありません。

公式問題集には今すぐに取り掛かってください。「実力がついてから」と後回しにしてはいけません。ＴＯＥＩＣの「実力」は公式問題集を利用してつけるものなのですから。

「まずは単語集でボキャブラリーを増強してから……」、「まずは中学の文法事項をおさらいしてから……」、「英語をシャワーのように浴び続けていれば、いつかそのうち、きっと英語が突然わかるようになるはず！」などと思っていませんか？　まじめな学校の先生が口癖のように言っている、「一見遠回りなように見える勉強が、実は一番近道なんだ」なんて言葉を真に受けてはいませんか？

遠回りな勉強は、ただの遠回りです。「いつか」「そのうち」なんて永遠にやってこないかもしれませんよ。いつ結果がでるのかわからない勉強はやめましょう。公式問題集さえやれば、やった分だけスコアが上がるというのに、どうしてみんな無駄な勉強ばかりしているのでしょうか。

この本を読み終わった後、あなたがやるべきことはただ一つ。今すぐにアマゾンのホームページを開いて、TOEICの公式問題集Vol.1からVol.6までをすべて購入してください。その他のものは一切必要ありません。むしろ有害ですらあります。

公式問題集に関する大きな誤解

公式問題集には、1冊につき2回分の問題しか載っていません。6冊すべてやったとしても、全部で12回分。それほど多い問題量とは言えません。

なので、よく、「あまり早い時期から公式問題集に取り組むと、答えを覚えてしまう。それでは実力がつかない」という人がいます。

これはとんでもない勘違いです。公式問題集は覚えてしまっていいんです。いや、覚えなきゃならないんです。

公式問題集には、出題者側が「これだけは覚えておいてほしい」と考える単語・熟語・イディオム・構文がぎっしり詰まっています。これさえ覚えればハイスコアがとれるようになっているのです。それなのに、公式問題集を後回しにして、他の問題集をやるなんてまったくどうかしています。

公式問題集は最後の力試しとして利用するものではなく、問題集として利用するものでもありません。参考書として利用してください。いえ、極端に言えば、暗記用例文集として利用してもらいたいぐらいです。

ほとんどの人は、本番前に1回公式問題集を解くだけで終わってしまいます。多い人でも、せいぜい2、3回ほどしか解いていないのではないでしょうか。それでは全然足りません。何度も何度も繰り返し読みこんで、考えなくても意味がすっと浮かぶくらいにまで自分の血肉としなければ、試験本番で使いこなせる知識とはならないのです。

もちろん、TOEICはマークシート式の試験ですから、全文丸暗記なんてする必要はありません。ただ、すらすらと読みこなせる程度にはなっておく必要があります。「この単語の意味はなんだっけ？」「この問題の答えはどっちだったかな？」と悩んでいるようでは、まだ公式問題集をマスターしたとは言えません。

始めの頃は、1回分の問題を検討するのに5時間も6時間もかかるかもしれません。それでいいんです。何度も何度も繰り返しているうちに、読むスピードは徐々に上がっていきます。速読のための特別なテクニックなんて必要ないんです。同じ文章を繰り返し読んでいるのですから、1回目より2回目、2回目より3回目の方が速く読めます。そうして最終的には、余裕をもって制限時間内にすべての問題を検討することができるようになるのです。ここまでやって初めて、「公式問題集をやった」と言えるのです。

受ける前にすでに答えはわかっている

ＴＯＥＩＣほど対策のたてやすい試験は他にはありません。なぜなら、何が出題されるか、あらかじめわかっているからです。前もって答えがわかっている試験を受けるのですから、高得点がとれてあたりまえなのです。

何度も繰り返しているように、公式問題集には出題者側の考える英語のエッセンスが凝縮されています。試験問題はすべてこの中から出題されるといっても過言ではありません。なので、他の問題集になど目もくれず、ひたすら公式問題集だけやっていればハイスコアが取れるはずなのです。

それなのにみんな、あれやこれやと余計なものに手を出すから、結局肝心なところがおろそかになってしまっています。もっとも重要な核が定まっていないから、TOEICの点数が伸び悩む。伸び悩むから、不安になってまた別の参考書に手を出す。その結果、あやふやな知識ばかり増えて、苦労している割にはスコアが上がらない。こんな悪循環にはまってしまっているのです。必要なことはすべて公式問題集の中に書かれています。あれこれ手を出さずに、これ一本にしぼって勉強しましょう。

もちろん、公式問題集とまったく同じ問題が本試験で出題されるとはかぎりません。しかし、大事なことは手を変え品を変え、繰り返し問われます。しっかりと公式問題集をものにしていないと、ちょっと問い方を変えられただけでもうお手上げという状況になりかねません。なので、公式問題集は1回や2回やるだけではまったく不十分です。何度も何度も繰り返し、体に浸み込ませるまで読み込んでください。

公式問題集は解いてはいけない

公式問題集をいきなり解いてはいけません。というより、英語の初心者には解けません。うんうんうなって問題に取り組むのは時間とエネルギーの無駄です。そんな勉強法は今すぐやめてください。

「問題集を解くなって？　じゃあいったいどうすればいいんだよ」

冒頭でも述べましたが、大事なことなのでもう一度繰り返します。

まず、日本語訳を読みます。
次に、該当する英文を読みます。
選択肢の日本語訳と英文を読んで、解答・解説を確認します。
内容が理解できたら、あとはひたすら繰り返し読み込みます。

これだけです。

「そんなんで英語の実力がつくのか？」と不安に思われたかもしれませんね。しかし、この方法で確実にＴＯＥＩＣのスコアは伸びます。

リーディングの力を伸ばすためには、大量の英文に触れる必要があります。しかし、英語初心者がいちいち自力で英文を訳していては、時間がかかってしかたがありません。その結果、本試験までに読み込める英文の量が不足してしまいます。これではリーディング・セクションに出題される膨大な量の英文に太刀打ちできず、時間不足に陥ってしまいます。

本試験までに公式問題集の英文を何回読みこめるか。リーディング・セクション攻略のカギはこの一点にかかっています。

「日本語訳を最初に見てしまったら、真の英語力が身につかないじゃないか」と思う人がいるかもしれませんが、そんなことはありません。

ＴＯＥＩＣの問題というのは、よく作りこまれています。英語を理解するために必要な項目がたくさん含まれているのです。英語のエッセンスが凝縮された良質の英文を読みこむことによって、英語を英語のまま理解するために必要な「型」が身につきます。

英単語や構文はみんな必死で覚えようとするのに、なぜかＴＯＥＩＣの問題文を覚えようとすると非難されてしまいます。しかし、英語の実力をつけるために良質の英文そのものを「型」として利用することはとても有用なことなのです。先に日本語訳を読んでしまうのは邪道でもなんでもありません。

公式問題集の英文を全てマスターし、「型」ができあがったら、はじめてそこで他の教材に手をだして、多読に励んでもいいでしょう。自力で訳したり問題を解いたりするのは、この段階に達してからの話です。もっとも、そこまでいかなくても、TOEICで900点は取れます。私は1問も解かずに本試験に臨みましたから。

また、「問題を解かずに読んでばかりだと、問題を解くテクニックが身につかないじゃないか」と心配する人もいることでしょう。しかし、その心配は杞憂です。TOEICに解答テクニックなんて必要ありません。TOEICというのは、英文が読めて聞き取れれば、時間内に十分解答することができるように設計されている試験なのです。それができないというのは、ただ単に、公式問題集の読み込みが足りないということにすぎません。テクニックに頼っているうちは、まだまだ実力不足だということを自覚してください。

「時間内にすべての問題と選択肢をすらすらと読めるようになる」。この状態をめざして学習に励みましょう。日本語訳を先に見てしまってかまいませんから、とにかく回数をこなしてください。けっして自力で英文を訳したり、問題を解いたりしてはいけません。

付属のCDを聞いてはいけない

リスニング・セクションも同じやりかたでどんどんすすめてください。いきなりCDを聞いてはいけません。

①まず、日本語訳と解答を読みます。
②次に、対応する英文を読みます。
内容が理解できたら、何度か繰り返して読みます。
③すらすら読めるようになったら、そこで初めてCDを聞いてください。
その際には、英文を目で追いながら音声を聞くようにしてください。

「英文を見ながらCDを聞くって、そんなのでリスニングの力がつくのか？」と不安に思う人がいるかもしれませんが、心配は無用です。

私はリスニングが大の苦手で、トランスクリプション無しではCDの音声が聞き取れませんでした。そこでTOEICの試験当日まで、この方法で英文を目で追いながらCDの音声を聞きこんでいたのですが、本番ではリスニング・セクションでもほぼ満点を取ることができました。

「英語のシャワーを浴びれば、そのうち英語が聞き取れるようになる」と誤解している人がいますが、はっきり言ってそれは幻想です。小さな子供ならその方法で英語ができるようになるかもしれませんが、大人はいくら英語を聞きこんでも、絶対にネイティブのように聞き取れるようにはなりません。

読めないものは聞き取れません。文字で書かれた文章を読んでも理解できないものが、耳から聞いて理解できるはずがないのです。なのでCDを聞く前に、まずは文章を読んで理解することが必要なのです。

文章を目で追いながら英文を聞いても、最初のうちは英文を読み上げるスピードについていけないことがほとんどです。そんな状態の人が、文字を見ずに音声だけを聞いても聞き取れるわけがないのです。大人の英語学習は幼児のそれとは根本的に異なります。

①まずは日本語訳を読んで理解する
②その英文をスラスラ読めるようになる
③文字を目で追いながらCDの音声を聞く

この3ステップを経ないとリスニング力は一向に向上しません。

CDの音声にあわせて英文が読めるようになったら、あとはひたすら繰り返すのみです。耳に英語音声がこびりつくまで聞きこんでください。その状態にまで達したら、文字を見なくても英語音声が聞き取れるようになっているはずです。通勤時間や歯を磨いているときなど、本を開くことができないときでも聞くだけならできるので、時間を有効に活用することができます。

ちなみに私はその状態にまで達しないまま、TOEICの本試験を迎えました。それでもリスニング・セクションは満点近く獲得することができたのです。なので安心してこの方法で勉強に励んでください。

不正解の選択肢も検討する

問題を検討する際には、正解の選択肢だけでなく、不正解の選択肢にも目を通すようにしてください。公式問題集には無駄な部分は一切ありません。不正解の選択肢の中にも、出題者側が重要だと考える単語や文法事項がちりばめられています。

本番で、公式問題集とまったく同じ問題が出題されるとは限りませんが、少し問い方を変えた類題が出題される可能性は大いにあります。今回はたまたま不正解の選択肢だったとしても、本番の試験では正解の選択肢として似たようなことを聞かれる可能性は高いのです。

また、解説も熟読するようにしてください。公式問題集の解説はあっさりとしていますが、その分、無駄がないのです。必要最小限のことしか書かれていないので、そのすべてを吸収するつもりで取り組みましょう。

その際、すべてを完璧に理解する必要はありません。「なんとなく、こういうことかなー」という程度でけっこうですから、深入りすることなく、どんどんと前に進んでください。語学の学習は理屈ではなく、体で覚えるという側面が多分にあります。繰り返し正解の文を読むことによって体に浸み込ませる方が、結局は近道だと思います。

暗記する必要はない

公式問題集に出てきた単語や構文を意識して暗記する必要はありません。几帳面な人は問題文から単語を抜き出して自分専用の単語集を作ろうとする人もいるかもしれませんが、労力のわりには得るものは少ないと思います。その時間を英文を読みこむことにあてたほうがよっぽど実力がつきます。

記憶作業というのは、かなりの時間を要します。単語カードを作っていたら、あっという間に試験本番がやってきます。ぶつぶつと暗唱していると、全然前に進まず、一日分のノルマを達成することができません。そうすると気持ちばかりが焦って、精神衛生上もよろしくないです。

よほど記憶力に自信があるのならまた話は別ですが、そうでないなら、あまり記憶することに神経質にならないほうがいいでしょう。特に年齢のいっている人は要注意です。なかなか覚えることができない自分に嫌気がさし、「昔は暗記が得意だったのに……」と悲嘆にくれることにもなりかねません。

そうなると、「記憶術」なるものに手を出したくもなりますが、その手のものはあまり語学の学習には役に立たないと考えます。語呂合わせなどで無理やり覚えても、とっさの場面で使える知識とはなりにくいでしょう。それよりも、繰り返しにより脳に刷り込む方が効果的です。

記憶術などの本では必ず登場する「エビングハウスの忘却曲線」なども、あまり神経質にこだわる必要はないと思います。もちろん復習は重要ですが、人それぞれ生活スタイルは異なります。自分にあった復習スケジュールをたてて、それを忠実に実行することを心がけていればそれでいいと思います。

昔どこかで、「一度覚えたことを二度と忘れない方法」という記事を読んだことがあります。その方法とはいたってシンプルなもので、「覚えた後、忘れる前に復習する」というものでした。私の勉強法もそれとほぼ同じものです（詳しくは後述）。

単語を暗記するのではなくて、何度も何度も問題文を読みこんで、文章全部を自分の血肉としてしまうぐらいの勢いで繰り返し復習しましょう。まあ、そんなことは不可能ですし、そこまでする必要もないのですが。

あとはひたすら繰り返すのみ

日本語訳と解答を確認した後は、ひたすら繰り返すのみです。

「何回くらい繰り返せばよいのか?」というのが気になる所ですが、決まった回数はありません。人によって能力も異なるでしょうから、いちがいに何回繰り返せばいいかを示すことはできません。時間の許す限り、本試験当日まで公式問題集だけを何度も何度も繰り返してください。

その際、最低でも、制限時間内にすべて読み終えることができるようになっていなければなりません。あらかじめ日本語訳と解答を読み、英文も繰り返し読んでいるのですから、これが制限時間以内に終わらないようだと、本番で初見の問題を時間内に解ききることなどできるわけがありません。携帯のストップウオッチ機能を利用して、毎回時間を測り、読むたびに早くなっているか確認しながら取り組むと、速読力を身につけることができます。

ちなみに私の場合、公式問題集のVol.1からVol.5までを5週間、ひたすら繰り返すことで、930点に達することができました。後の章で具体的なスケジュールを載せていますので、参考にしてみてください。

余力がある人は

ＴＯＥＩＣの試験は時間との戦いです。時間感覚を身につけるために、本番が近付いたら公式問題集を時間を測って解いてみるのもいいでしょう。また、各出版社から予想問題集がいくつか発売されていますから、それらも時間を測って解いてみることで、初見の問題に対処する力をつけることもできるでしょう。

ただし、それらのことに手を出すのは、公式問題集を完璧に仕上げてからにしてください。「もう飽きるほど公式問題集を繰り返してやったから、問題も答えもすっかり覚えちゃったよ」という状態になるまでは、他の教材に手を出してはいけません。ひたすら公式問題集を読んで聞くことに専念してください。

ちなみに私はその状態に達する前に試験本番を迎えました。一問も問題を解きませんでした。ひたすら公式問題集を読み込み、聞きこんでいただけです。それでも９３０点取れたのです。

第2章

スケジューリング

第1節 TOEICで900点取るには何時間の学習が必要か？

学習をするにあたって、「いったいどれくらい勉強すればTOEICで900点取れるようになるのだろう？」ということが気になる人もいるかと思います。もちろん、「○○時間やれば絶対に900点取れる！」などと保証することは誰にもできないのですが、ある程度の目安を示すことはできます。

一般に、現在400点くらいのスコアの人が900点に達するためには、2000時間から3000時間くらいの学習時間が必要とされています。有名な学習教材の「ヒアリングマラソン」は1年間で1000時間の英語を聞くプログラムとなっていますから、リスニング対策だけでもやはり1000時間くらいは必要になってきそうです。単純に考えて、リーディングにも同じく1000時間かかるとすると、やはりトータルで2000時間は必要になってくるということになります。

人によって1日に何時間勉強できるかは異なるでしょうが、2000時間から3000時間の学習時間を確保するのはなかなか難しいです。かなりの長期間にわたってモチベーションを維持するのも至難の技でしょう。あまりダラダラとやっていると、途中で挫折してしまう可能性だってあります。

しかし、本当に3000時間も必要なのでしょうか？　いいえ、そんなことはありません。確かに、「完璧な英語力」を身に付けるためには、3000時間でも足りないかもしれません。いや、一生かかっても「完璧な英語力」なんて手に入れることは不可能でしょう。

でも、TOEICで900点取るだけなら、もっと短時間で済みます。集中して取り組めば、2か月、いや、5週間で達成できます。

公式問題集は何回繰り返せばいいのか？

学習時間と同様、「いったい問題集を何回くらいやりこめばTOEICで900点に達するのか？」というのも、学習者の大きな関心事だと思います。

これもやはり人によって記憶力や理解力が異なってくるので、いちがいに「○○回繰り返せば９００点突破は確実！」などとは言えないのですが、ある程度の目安を示すことはできます。

東大を首席で卒業し、在学中に司法試験に合格した女性弁護士の方はその著書で、「参考書を7回繰り返し読めば合格できる」と述べられています。優秀な彼女は凡人とは異なる脳の構造をしているでしょうから、普通の人は7回では足りないでしょう。その2、3倍の20回くらいは繰り返さなければものにすることは難しそうです。

また、「『超』整理法」で有名な野口悠紀雄氏はその著書「『超』勉強法」の中で、教科書の英文を20回音読することを推奨しておられます。優秀な野口氏が20回も繰り返すのならば、凡人はその倍以上、50回くらいは繰り返さなければいけないということになりそうです。実際、「50回音読しろ！」と言う有名予備校講師もいます。

ＴＯＥＩＣの試験時間は2時間あります。公式問題集には1冊につき2回分の問題が収録されています。５冊では10回分。

これを50回繰り返すとなると、

2時間×10回分×50回＝１０００時間

ＴＯＥＩＣで９００点獲得するためには、１０００時間が必要ということになります。さきほど試算した、３０００時間に比べれば、かなり少なくなりました。

公式問題集を50回繰り返す。
所要時間は１０００時間。
これがＴＯＥＩＣで９００点取るために最低限必要な学習量なのでしょうか？

いえいえ、そんなことはありません。その4分の1の労力で済みます。

公式問題集を10回繰り返す

ＴＯＥＩＣで９００点取るために、公式問題集を50回も繰り返す必要はありません。

先ほど例にあげた著者は、司法試験や東大入試英語を念頭においてこの数字を挙げています。司法試験には論文試験がありますし、東大入試英語には英作文が出題されます。

なのでそれらの試験をクリアするためには、ただ「読んで理解する」だけでなく、「自分の言葉で書ける」だけの知識をインプットする必要がありました。

しかし、TOEICには英作文は出題されません。全問題がマークシート式なのです。そこに書かれてある英文が「読めて」「聞き取れれば」900点に達します。たとえうろ覚えの状態で、「あれ？　これはなんという意味だっけ？」という状況だったとしても、本文や選択肢を見て「ああ、そうだった！」と思い出せるレベルまで記憶しておけば大丈夫なのです。

その状態になるには、公式問題集を50回も繰り返す必要はありません。2、3回も読めば、だいたいの内容はつかめるでしょう。5、6回も繰り返せば、重要な語句はなんとなく頭に入ってくるでしょう。

それでも、その段階でやめないでください。さらに読み込んで、公式問題集を10回繰り返してください。TOEICは時間との戦いです。多くの人が時間不足に悩まされ、最後の問題にまでたどり着くことなく制限時間を迎えています。

そんな状態に陥るのを防ぐには、英文を早く読む必要があります。とはいっても、速読術や特別なテクニックなどは必要ありません。TOEICというのは、標準的な英文をスラスラ読めるようになれば、制限時間内にすべての問題に取り組むことができるように設計された試験なのですから。

公式問題集を5回程繰り返せば、ぼんやりとその内容が頭に入ってきます。しかし、その状態では、まだ実戦で使えるレベルには達していません。本試験の緊張の中、確実に点数に結び付けるためには、さらに5回、公式問題集を繰り返し読み込む必要があります。10回も繰り返せば、その英文はあなたの血肉となり、「使える」英語となります。スラスラと読めるようになり、TOEICの問題を制限時間以内に解ききるだけの実力がつくのです。

ただし、10回読むといっても、その場で10回繰り返すのではありません。それぞれ別の日に読むようにしてください。10日にわけて10回繰り返すのです。1日に10回繰り返したところで、その後記憶のメンテナンスをしなければ、試験当日までには忘れてしまいますから。詳しいやり方は後述します。

所要時間は290時間

公式問題集を10回繰り返すのに必要な時間はどれくらいでしょうか?

TOEICの試験時間は2時間。公式問題集には2回分の問題が収録されていますので、5冊で10回分の問題があります。なので10回分の問題を10回繰り返すのに必要な所要時間は、

2時間×10回分×10回＝200時間

ということになります。

ただし、英語の初心者がいきなり、公式問題集を2時間以内に終わらすことは不可能です。最初の1回目は日本語訳を読んだり、構文をじっくり分析したりしなければならないため、かなりの時間を要します。また、リスニング問題のCDを聞く前に、英文を読んで理解しておくための時間も必要です。

なので、最初の1回目には3倍の時間がかかると考えます。1回分の問題を検討するのに、6時間をあてるのです。公式問題集には1冊につき2回分の問題が収録されていますから、5冊をこなすのに必要な時間は、

6時間×2回×5冊＝60時間

2回目は1回目よりは時間がかからないでしょうから、1回分の問題を検討するのに5時間かかると考えます。

2回目
5時間×2回×5冊＝50時間

3回目はさらに早くこなせるようになっているはずですから、1回分の問題を検討するには4時間あれば大丈夫でしょう。

3回目
4時間×2回×5冊＝40時間

1回目〜3回目までは、先に日本語訳と解答を見てから英文を読むようにします。なので通常の倍以上の時間がかかったわけですが、3回も読めば、英文の内容はぼんやりと理解できていると思います。なので4回目以降は日本語訳を見ずに、いきなり英文から読みます。とはいえ、すでに3回も目を通しているわけですから、それほど苦労せずに読み進めることができるでしょう。

ここで注意してほしいのは、この段階でも、自分の頭を使って問題を解く必要はない、ということです。前章で述べた通り、問題文に解答を書き込んでありますから、問題を解くために立ち止まって考える必要はありません。

すでに日本語訳を3回も読んでいますし、解答も書き込んであるわけですから、制限時間内に読みきることができると思います。なので、4回目以降は、1回分の問題を検討するのに必要な時間は2時間ということになります。

4回目〜10回目
2時間×2回×5冊＝20時間

以上を合計すると、
60時間＋50時間＋40時間＋20時間×7回＝290時間
となります。

公式問題集を10回繰り返すのに必要な時間は290時間。ちまたで言われている3000時間と比べて、10分の1の時間で済みます。1日に10時間の勉強時間を捻出できる人でしたら、1か月でクリアできることになります。毎日10時間も勉強することができる人はそうはいないでしょうが、1日2時間の勉強でも、5か月でTOEICのスコアを900点にまでもっていくことができるわけです。

1日2時間、5か月。
これならなんとか挫折せずに達成できそうだとは思いませんか？

TOEIC対策は短期集中型が有利！

一般に語学の習得には時間がかかるとされています。毎日数分ずつでもいいから、コツコツと長期間をかけてじっくりと勉強していく。それが外国語学習の王道でしょう。NHKの語学講座は、1回の放送時間が15分から20分となっていますし、アルクなどの通信講座でも、1日あたりの学習時間は20分から1時間くらいを目安として設定されています。

覚えなければならない単語の数は膨大ですし、表現や言い回し、ニュアンスなども含めれば、学習内容はそれこそ無限にあります。人間の能力には限界がありますから、一度にすべてを学ぼうとしても頭がパンクしてしまいます。なので、時間をかけて、毎日少しずつ勉強していくのが、もっとも理にかなった方法なのです。

しかし、TOEICで高得点を取るのが目的だとしたら、この法則は当てはまりません。

短期間で一気呵成《いっきかせい》に仕上げてしまうのが合理的な戦略となります。

ＴＯＥＩＣに出題される項目は限られています。少なくとも公式問題集に書かれていることをマスターしさえすれば、９００点を超えることは可能です。公式問題集５冊というのは、それほど分量があるわけではありません。たとえ天才でなくても、数か月もあればマスターできる量です。何年もかける必要はありません。

また、あまり長い時間をかけて勉強すると、最初の方に学習した内容を忘れてしまいます。そうならないためにも、記憶のメンテナンスをする必要があるのですが、長期間にわたって記憶を保持するための努力もばかになりません。

さらに、ＴＯＥＩＣの試験科目には英作文もスピーチも出題されません。マークシート方式なのですから、あやふやな知識でもなんとか対応できてしまいます。見れば思い出せる程度まで記憶しておけば、それでじゅうぶんなのです。

以上のことを鑑みると、「最初に学習したことを忘れないうちに、短期間で一気に仕上げてしまう」というのが効率的なＴＯＥＩＣ対策ということになります。「一夜漬け」ならぬ、「１

か月漬け」が一番効率的だということです。

1、2か月間、英語学習だけに専念する環境を作ることは、一般の社会人の方には難しいかもしれません。でも、長期休暇がある学生なら可能なはずです。また、失業や転職のため、まとまった時間がとれる人もいることでしょう。失業給付などの制度を利用して、集中してTOEIC対策をすることは有効な選択肢の一つだと思います。

履歴書に「TOEICスコア900」と書けることのメリットははかり知れないほど大きいです。就職先の幅もグンと広がります。私自身、面接試験を何度か受けたのですが、どこの会社でも高い評価をいただきました。履歴書を見た面接官は、まず例外なくTOEICのことについて触れてきます。

「TOEICのスコア930点もお持ちなんですか。すごいですねー」

実際は私の英語力はすごくもなんともありません。しかし、世間一般ではまだまだTOEIC信仰は根強いものがあります。なので、まる1か月間をTOEIC対策に充てるだけの価値は大いにあります。

「1、2か月まとまった時間が取れるのなら、海外に短期留学する」と考える人もいるでしょう。たしかに、2か月間、フィリピンなどに語学留学すれば、簡単な英会話くらいならできるようになるかもしれません。でも、TOEICで900点取れるようにはなりません。2か月間海外留学をするお金と時間があるのならば、費用対効果を考えて、公式問題集を使ってTOEIC対策に専念する方がはるかに合理的です。

第2節 5週間で930点取った私のスケジュール

最初の数日間は試行錯誤

私は幸運にも、TOEICの勉強に専念することができたので、試験を申し込んでから5週間、朝から晩まで英語漬けの生活を送ることができました。私と同じような環境の人はどちらかといえば少数派かと思いますが、やはり具体的な例を挙げた方がわかりやすいと思いますので、私が実際にやってみたスケジュールを書いてみようと思います。

「290時間で900点取れる」と書いておいてなんですが、私の場合、約360時間ほどかかりました。1日約10時間の勉強を5週間（35日間）です。というのも、大学受験以降、英語とは無縁の生活を20年以上過ごしてきたため、すっかり知識が抜け落ちてしまっていたので、しばらくはリハビリに励む必要があったからです。英会話には興味があったので、これまでにもいくつかの本を購入してはいましたが、やはり試験用の勉強とは勝手が違います。

そこで大学受験の時に使った参考書を買い直し、忘れてしまっている英語の勘を取り戻すのに時間を割かなければなりませんでした。「山口　英文法講義の実況中継」という本で受験用英文法のおさらいをし、「新・基本英文700選」を使って構文の確認をしました。これらの本は受験生時代にやりこんでいたので、今回はさらっと一度読んだだけです。問題を解いたり、例文を暗記したりはしませんでした。「山口　英文法講義の実況中継」も解説は流し読みし、例題の英文と日本語訳だけを意識して読みました。

それと同時に、TOEIC用の単語集を購入して覚える努力もしました。やはり語学の勉強には単語力が不可欠だと考えたからです。

ところが、これが大失敗。無味乾燥な単語集をいくら眺めたところで、さっぱり頭に入ってこないのです。丸暗記が得意な現役受験生ならともかく、ある程度年齢がいっている人間は、記憶力の衰えを考慮にいれた勉強法を考える必要性を痛感しました。

こんな感じで、最初の数日間は、失っていた英語の記憶を取り戻すことと、勉強法の試行錯誤のために過ぎていきました。

過去問こそが王道

なかなか勉強の方向性がつかめなかった私は、TOEICの勉強法について書かれた書籍を購入して研究したりもしました。「TOEIC900点攻略プログラム」なるものもあり、そこには詳細に、こなすべき教材が羅列されていました。

しかし、量があまりにも多すぎます。こんな膨大な数の参考書や問題集をやっていたら、いったい何年かかるかわかりません。試験まであと5週間をきっているわけですから、もっと現実的な方法を取る必要があります。

そこで思い当たったのが公式問題集です。どのTOEIC攻略法でも、公式問題集の重要性は繰り返し述べられていました。また、大学受験を始め、あらゆる試験において過去問研究は欠かせません。TOEICにおいては公式問題集がこの過去問に相当します。

そこでさっそくアマゾンで公式問題集のVol.5を購入してみました。現在はVol.6まで出版されていますが、私が受験した当時はこのVol.5が最新刊だったのです。やはり新しい版の方が最新の出題傾向が反映されているだろうし、いろいろと改良されていて使い勝手も良いだろうと考えてVol.5を購入したのですが、これが大当たりでした。

この公式問題集は問題編と解答・解説編に分冊されていて、とても使いやすいのです。解説編にも問題文が収録されていますし、見開きですぐ隣に日本語の全文訳が掲載されているのです。「問題は解かずに、日本語訳と解答をまず先に見てしまう」という勉強スタイルの私にとって、この本の構成はとてもありがたいものでした。日本語訳を読んだすぐ後に英文を確認することができるので、時間のロスがありません。選択肢の日本語訳と解答、解説も同じページ（もしくは次のページ）に記載されているので、とても使いやすいです。

また、正解の選択肢は青字で書かれているため、どれが正しい答えなのかが一目瞭然です。このため、問題を読んだ直後に間髪を入れずに正解肢を検討することができるので、思考の流れを妨げられることもありません。

正解肢の解説も青字で書かれているので、メリハリをつけて読むことができます。必要最小限のことがコンパクトにまとまっており、とにかく時間がなかった私には、大助かりでした。この解説を読んでも理解できなかったところは、とりあえず無視することにしました。私は満点を狙っていたわけではなかったので、とにかくスピード重視。どんどんと先に進んで、回数をこなすことをこころがけました。

ただ、不正解の選択肢の解説にも、すべて目を通すようにしました。公式問題集の分量はそれほど多くはありません。まったく同じ問題が出題される可能性はそれほど高くはないでしょうが、似たような問題が出題されることは大いに予想されます。その際には、公式問題集では不正解だった選択肢が、正解として狙われることもありうると考えたからです。

「Ｗｏｒｄｓ＆Ｐｈｒａｓｅｓ」や「覚えておくと便利な表現」などのコラム欄にもすべて目を通しました。とにかく、「公式問題集には無駄な部分は一切ない」という気持ちで読み込みました。

問題は解かない。先に日本語訳と解答を見る目で文字を追いながらCDの音声を聞く

ほとんどの人は、公式問題集を問題演習のために利用していると思います。もちろんそれが正攻法です。

しかし、私は公式問題集を解きませんでした。最初から日本語訳と解答を見て、それから英文を読んでいったのです。

大学受験以来、20年以上受験英語から遠ざかっていた私には、あの膨大な量の英文をいきなり読むなんてことは不可能でした。文法知識もすっかり抜け落ちていたため、文法問題を自力で解くなんてできるわけありません。うんうんとうなりながら自力で問題を解くのは、まったく時間の無駄だと判断した私は、さっさと解答を見てしまい、とにかく止まらないことを心がけながら公式問題集を読み進めていきました。そうでもしないと、時間がいくらあっても足りなかったのです。

付属のリスニングCDを聞く場合も、いきなりCDを聞いたりはしませんでした。私の実力では、聞き取れるわけがありませんでしたから。

リスニング・セクションもリーディング・セクションと同じように、まずは日本語訳と解答を読みます。それから英文を読んで、内容が理解できてからはじめてCDを聞くようにしました。その際も、英文を目で追いながら、CDの音声を聞きます。リスニング力のなかった私は、そうでもしないと英語の音声についていくことができなかったのです。

最初の1周目は、1回分の問題を6時間かけて検討する

TOEICの問題は、普通にやれば1回分を終えるのに2時間かかります。それに加えて日本語訳や解説を読むわけですから、私の場合、最初の1周目は1回分の問題を検討するのに6時間を要しました。私は一日中勉強できる環境にありましたので、1日に1回分の問題を検討していきました。公式問題集5冊で10回分の問題がありますから、10日かけて1周させたわけです。

最初の1周目が最も大事ですから、じっくりと時間をかけて読んでいきます。日本語訳を1文読んだらすぐに、対応する英文を1文読みます。すでに日本語訳を読んで内容が分かっているので、たとえあやふやな文法知識しかなかったとしても、なんとか英文の構造を理解することができます。知らない単語が出てきても、すぐに辞書をひいたりはせず、対応する日本語訳と照らし合わせて意味を推測します。意味がわかったら、知らなかった単語とその日本語訳に蛍光ペンなどでマーキングしておきました。こうしておけば、2回目以降に読んだ際、たとえまた意味がわからなかったとしても、対応する日本語訳にはマーキングが施されていますから、すぐに意味を確認することができ、大いに時間を短縮することができるからです。

先に日本語訳を読んでしまうのは、なんだか邪道のように感じますが、この方法ですと驚くほど早く読み終えることができます。自力で訳したり、わからない単語を辞書で調べたりしていると、莫大な時間がかかってしまいます。時間をかけて1回読むよりも、何度も何度も繰り返し読んで頭に染みこませる方が、英語の力はつくはず。そう考えて、とにかく早く読んで、回数をこなすことを優先させました。

復習（2周目）はすぐにやる

6時間かけて1回分の問題を検討したら、翌日、すぐに復習をやります。前の日にやったばかりなので、今度はもう少し早く終わらせることができると思います。5時間もあればじゅうぶんでしょう。

この復習は翌日にやるというところがポイントです。1回目をやった当日にやるのでは早すぎますし、1週間後では遅すぎます。一晩寝かせることによって、記憶が頭の中に定着しますし、あやふやな個所は記憶から脱落していきます。そこで間髪を入れずに復習することによって、うろ覚えだった知識を強固なものにすることができるのです。

また、復習を1週間後にやると、かなりの部分を忘れてしまいます。そうすると、また一からやり直しとなってしまいますので、1回目と同じく、6時間くらいかかってしまうでしょう。それではスピードアップを望めません。

「復習は翌日にやる」

この習慣を徹底して、確実に記憶していきましょう。

具体的なやり方を述べます。公式問題集5冊の問題10回分を、便宜上①②③…⑩というように番号で表しますと、

1日目　①の検討（6時間）
2日目　②の検討（6時間）、①の復習（5時間）
3日目　③の検討（6時間）、②の復習（5時間）
4日目　④の検討（6時間）、③の復習（5時間）
・
・
・
10日目　⑩の検討（6時間）、⑨の復習（5時間）
11日目　⑩の復習（5時間）

このように進めていくと、最初の11日間で公式問題集5冊分を2周まわすことができます。

最初の1周目は時間がかかりますし、知らない知識もたくさんあって、最も苦しく感じる時です。しかし、最も重要な時でもあります。ここでしっかりと理解しておかないと、後で何度繰り返しても効果を期待できません。

最初の1周目、2周目は遅々として進まず、イライラしたり焦ったりすることもありました。でも、回数を重ねるごとに楽になっていくと信じて、とにかくこの時期を乗り越えることに意識を集中させました。実際、3周目以降はかなり楽に読み進めることができるようになりました。つっかえつっかえ読んでいた文章を、スムーズに読み進めることができるようになったのです。もちろん、この段階ではまだまだ覚えきれていない単語はたくさんありましたが、ぼんやりとイメージすることくらいはできるようになっていました。

私はリスニングが苦手でしたので、音声だけを聞いてもほとんど聞き取れません。なので、英文の文字を眺めながらCDの音声を聞いていました。それでも音声についていけなくなることがしょっちゅうあります。

「文字を見ながら音声を聞いていたのでは、ヒアリング力のアップにつながらない」と叱られそうですが、文字を見ながらでもついていけない音声をいくら聞いたところで、何も得るところはないと思います。

① まずは英文をすらすら読めるようにする
② 文字を見ながら、CDの音声を聞く

この2段階を経て、CDの音声に取り残されないように何度も聞きこみました。

3周目。日本語訳を見るのはこれが最後 4～6周目。2時間以内に終わらせることを目標とする

3周目は2周目よりは早く読めるようになっていると思いますので、1回分の問題を4時間かけて検討します。ここでもまだ日本語訳と解説を読みますが、これが最後です。4周目以降は日本語訳も解説も読まず、英文だけを読むようになりますので、この3周目ではスピードアップをはかりつつ、しっかりと理解することにも努めます。

4周目以降は本番と同じく、1回分の問題を2時間かけて検討します。すでに3回、日本語訳と解答、解説を読んでいるので、それほど苦しくは感じないはずです。

具体的なスケジュールを示します。

先ほどと同じように、公式問題集5冊、10回分の問題をそれぞれ①②③…⑩のように表すと、

11日目　①を検討（4時間）
12日目　②を検討（4時間）、①の復習（2時間）
13日目　③を検討（4時間）、②の復習（2時間）、①の復習（2時間）
14日目　④を検討（4時間）、③の復習（2時間）、②の復習（2時間）、①の復習（2時間）
15日目　⑤を検討（4時間）、④の復習（2時間）、③の復習（2時間）、②の復習（2時間）
・
・
・
20日目　⑩を検討（4時間）、⑨の復習（2時間）、⑧の復習（2時間）、⑦の復習（2時間）
21日目　⑩の復習（2時間）、⑨の復習（2時間）、⑧の復習（2時間）
22日目　⑩の復習（2時間）、⑨の復習（2時間）
23日目　⑩の復習（2時間）

このような感じで、23日目までに公式問題集5冊分を合計6周まわすことができました。

4周目以降は日本語訳も解説も読まず、英文だけを見るようになるのですが、間を置かずに復習してきたせいで、内容はかなり頭に残っています。なので、それほど苦労することなく、英文を読み進めることができました。

英文を読むスピードもずいぶんと速くはなってきているのですが、4周目の段階ではまだ、2時間以内に終わらせることはかなり厳しかったです。それでも、6周目では、なんとか2時間以内に1回分の問題を検討し終えることができるようになりました。

6周目を終えた段階では、答えもかなり覚えてしまっていたので、「読むだけでなく、解いてみようかな」という気持ちにもなりましたが、結局、問題を解くということはしませんでした。実際に自分の頭を使って問題を解くとなると、やはり2時間以内に終わらせることは難しいと考えたからです。スピードを重視して、とにかく回数をこなすことを優先させました。

6周目を終えた段階では、リスニングCDを聞きながら、かなり英文を目で追えるようになりました。しかし、時々CDの音声についていけなくなることもありました。文字を見ながらでないと、まだまだ聞き取れません。

また、音声を聞いていても、内容が理解できないこともあります。そんな場合は、まだ英文の理解が足りないのだと判断して、CDを止め、何度か英文を読みこんだりもしました。

7～11周目。短期間のうちに何度も繰り返す

7周目以降も、1回分の問題を2時間で終わらせます。具体的なスケジュールを示しますと、

21日目　①（2時間）、②（2時間）
22日目　③（2時間）、④（2時間）、⑤（2時間）
23日目　⑥（2時間）、⑦（2時間）、⑧（2時間）、⑨（2時間）
24日目　⑩（2時間）、①（2時間）、②（2時間）、③（2時間）、④（2時間）
25日目　⑤（2時間）、⑥（2時間）、⑦（2時間）、⑧（2時間）、⑨（2時間）
26日目　⑩（2時間）、①（2時間）、②（2時間）、③（2時間）、④（2時間）
27日目　⑤（2時間）、⑥（2時間）、⑦（2時間）、⑧（2時間）、⑨（2時間）
28日目　⑩（2時間）、①（2時間）、②（2時間）、③（2時間）、④（2時間）

29日目　⑤（2時間）、⑥（2時間）、⑦（2時間）、⑧（2時間）、⑨（2時間）
30日目　⑩（2時間）、①（2時間）、②（2時間）、③（2時間）、④（2時間）
31日目　⑤（2時間）、⑥（2時間）、⑦（2時間）、⑧（2時間）、⑨（2時間）
32日目　⑩（2時間）

何度も同じ問題を繰り返し読んできたので、この段階にまでくると、かなり早く読めるようになっています。1回分の問題を読み終えるのに、2時間もかからなくなってきました。

余裕をもって2時間以内に1回分の問題を検討できるようになったら、今度は記憶することも意識するようにしました。うろ覚えで意味があやふやな英単語とその日本語訳を、蛍光ペンなどでマークするのです。といっても、無理やり暗記するのではなく、読んでいるときに無意識のうちに読み飛ばしてしまわないように、注意を喚起する程度です。

私は暗記がそれほど得意ではないので、意識して単語を記憶しようとすると、膨大な時間がかかってしまいがちでした。なので単語を意識して覚えるのではなく、何度も長文を読みこむことによって、自然と頭に刷り込むイメージをもって公式問題集を読みこんでいきました。

そういうわけだったので、公式問題集を6回読んだだけでは、当然のことながら、まだまだ知らない単語が出てきます。そこで最後の10日間は、あいまいだった記憶を一気に確実なものに仕上げる段階となります。

この段階では、1回分の問題を2時間かけて検討できるようになっています。私は1日に10時間ほどを勉強時間に当てていたので、1日に5回分の問題を検討できることになります。公式問題集5冊を2日で終わらせるペースです。

10日間で一気に5周する。普通に考えると、これはかなり無茶なペースですが、これまでにすでに6回も繰り返し読んできているので、それほど苦痛には感じません。日本語訳も解説も繰り返し読んでいますし、CDの音声も、まだ文字を目で追いながら聞いていますから、頭がパンクすることもありませんでした。

「シャドウイング」よりも「リテンション」

最初の頃は、CDの音声についていくことができませんでした。が、この段階になると、さすがに何度も同じ英文を読んで聞いているので、なんとかナレーターの声についていくことができるようになります。

そこで余裕がでてきたら、今度はＣＤを聞くときにもひと工夫するようにしました。ちまたでよく言われているリスニングのトレーニング法に、「シャドウイング」というものがあります。これは、聞こえてくる音声にかぶさるようにして、自分でも発音してみるというものです。ワンテンポ遅れてＣＤの音声を真似する、といったイメージです。

このシャドウイングというトレーニング法は、同時通訳の訓練法にもなっているくらいに、効果的なもの、なのだそうです。

が、私にはできませんでした。聞こえてきた英語をそのまま発声することに意識を集中させてしまうと、肝心の意味を理解することができなくなってしまうのです。

私は公式問題集を問題集としてではなく、参考書として利用してきました。何度も何度も同じ英文を読んで聞くことによって、ＴＯＥＩＣの求めている「英語感覚」を体に染みこませることを目標として学習してきました。

この私のスタンスでは、シャドウイングはあまり効果的なメソッドではありません。もっと何度も繰り返すうちに、いつかはシャドウイングもできるようになるのかもしれませんが、私には時間がありませんでした。それに、私の目標は同時通訳者になることではありません。とりあえず、次のＴＯＥＩＣで高得点を取ればそれでいいのです。

そこで私はシャドウイングをあきらめ、別の方法を取ることにしました。

最初の頃は、ＣＤを聞きながら、文字を目で追うことに必死でした。リスニングというよりも、リーディングをしているのに近い感じです。リスニングが1割、リーディングが9割といった感覚です。

それを、慣れるにしたがって、だんだんとリスニングの比重を高めていったのです。目よりも、耳の方に意識を集中させていきます。

リスニングが2割、リーディングが8割
リスニングが3割、リーディングが7割

というように、徐々に音声の方に意識を向けていくようにしました。

本来ならば、文字を見なくても音声が聞き取れるようになれればそれが一番よいのでしょうが、わずか5週間でそこまで求めるのは酷というものでしょう。最終的には、公式問題集を11周まわした段階で、リスニングが9割、リーディングが1割というレベルにまで達することができました。「あともうちょっとで、なにも見なくてもCDの音声が聞き取れる」という段階にまで達したのです。それでもやはり、文字を見なければ完璧には聞き取れません。

こんな感じでTOEIC試験の本番を迎えたので、あまり自信を持って解答できたとはいえませんでした。ところが、返送されてきた結果を見てビックリ！　なんと、リスニング・セクションでは480点も取れていたのです。

これは、私のヒアリング力が飛躍的に伸びたというわけではないと思います。公式問題集に特化した勉強をしたおかげで、TOEICの出題形式に頭と耳が慣れたのではないでしょうか。

「よくわかんないけど、公式問題集でも似たような問題があったな。あの時の答えはあんな感じだったから、この問題の答えもきっとこれだろう」といった、「TOEIC感覚」が身に付いたのだと思います。

もちろん、これが良いことだとは言いません。しかし、公式問題集に特化した勉強法の威力を示す好例だとは言えます。

もう一つ、CDを聞くときに心がけていたことがあります。それは、「聞こえてきた音声を、そのままの形で記憶することを意識する」というものです。私はテキストを見ながらCDを聞いていたのですが、文字で英文を記憶するだけでなく、音でも英文を記憶するように意識していました。これは言葉で説明するのはなかなか難しいのですが、あえて言うならば、「聞き取った英語の音声を、その場で頭の中で反芻し、できるだけ長い時間、脳の中に保持する（リテンション）ことを心がける」ということになります。

「映像記憶」とか「写真記憶」という言葉を聞いたことがあるでしょうか？ 目に映るもののすべてを、まるでカメラで写真を撮るように記憶してしまう人がいるそうです。私が言っていることは、その「音声版」といったイメージに近いです。とはいえ、そんな天才的な能力を要求しているわけではありません。聞こえてくる音声を、ほんの一瞬だけ脳の片隅に記憶しておくだけです。時間にして、０．１秒くらいでしょうか。

どうしてもイメージがしづらいようでしたら、「声には出さずに、頭の中でシャドウイングをする」くらいに思ってもらって結構です。

この「リテンション」ができるようになると、リスニングの点数がグンとあがります。英語の音声が早すぎて一回では聞き取れなかったとしても、頭の中に残っている記憶をひっぱり出してきて、もう一度聞くことができるからです。

しかし、あまり「リテンション」にこだわる必要はありません。難しいようならば、英語の音声がくっきりと聞き取れるように意識すればそれでじゅうぶんです。リテンションにこだわるあまり、英語の意味の理解がおろそかになるようでは本末転倒ですから。

まとめ

以上、長々と述べてきましたが、私のやったことはとてもシンプルです。

1周目　1回分の問題を6時間かけて検討する（日本語訳、解説も読む）

2周目　1回分の問題を5時間かけて検討する（日本語訳、解説も読む）
3周目　1回分の問題を4時間かけて検討する（日本語訳、解説も読む）
4周目〜11周目　1回分の問題を2時間かけて検討する（英文のみ読む）

短期間のうちに繰り返し同じ問題を11回もやれば、さすがに答えを覚えてしまいます。もしも問題を解けば、おそらく全問正解できたでしょう。

しかし、私は結局、試験本番まで1問も自力で問題を解くということをしませんでした。代わりに私がやったことといえば、時間の許す限り公式問題集を読んで聞く、ということだけです。

私は最初の数日間は試行錯誤のため無為に過ごしてしまいましたが、本来なら5週間あれば、あと2、3回は余分に公式問題集を読みこめたはずです。なので、私と同じく、5週間のスケジュールでやろうとしている人は、公式問題集を15周まわすことを目標に勉強に励んでください。

第3節　1日2時間のペースでやる場合のスケジュール

私は1日10時間のペースで勉強を進めましたが、これはあまり一般的とは言えないでしょう。なので以下では、1日に2時間を勉強時間にあてるという前提のスケジュールも考えてみたいと思います。

といっても、やる内容は同じです。1日の勉強時間が5分の1になった分だけ、勉強期間が5倍になるだけの話です。ここでは、1日2時間の勉強で、公式問題集5冊（10回分）を5か月かけて10周するモデルプランを示してみたいと思います。例によって公式問題集5冊、10回分の問題を①～⑩というふうに表します。

1、2周目

1日目～3日目　①
4日目～6日目　①の復習
7日目～9日目　②
10日目～12日目　②の復習
13日目～15日目　③
16日目～18日目　③の復習

19日目〜21日目　④
22日目〜24日目　④の復習
25日目〜27日目　⑤
28日目〜30日目　⑤の復習
31日目〜33日目　⑥
34日目〜36日目　⑥の復習
37日目〜39日目　⑦

3、4周目

61、62日目　①
63日目　①の復習
64、65日目　②
66日目　②の復習
67、68日目　③

40日目〜42日目　⑦の復習
43日目〜45日目　⑧
46日目〜48日目　⑧の復習
49日目〜51日目　⑨
52日目〜54日目　⑨の復習
55日目〜57日目　⑩
58日目〜60日目　⑩の復習

69日目　③の復習
70、71日目　④
72日目　④の復習
73、74日目　⑤
75日目　⑤の復習

76、77日目　⑥
78日目　⑥の復習
79、80日目　⑦
81日目　⑦の復習
82、83日目　⑧
84日目　⑧の復習
85、86日目　⑨
87日目　⑨の復習
88、89日目　⑩
90日目　⑩の復習

5周目

91日目　①
92日目　②
93日目　③
94日目　④
95日目　⑤
96日目　⑥
97日目　⑦
98日目　⑧
99日目　⑨
100日目　⑩

6周目　101日目～110日目　①～⑩（1日で1回分の問題を検討）
7週目　111～120日目　①～⑩
8週目　121～130日目　①～⑩
9週目　131～140日目　①～⑩
10周目　141～150日目　①～⑩

私が受験したころは、公式問題集はVol．1からVol．5までの5冊しかありませんでした。

でも今は、Vol．6まで出版されています。なので時間のある方は、6冊全部やるといいでしょう。

もしも6冊やる時間がないというのであれば、新しいものから順にやっていくといいと思います。最新の傾向が反映されていますし、使い勝手も良くなっているからです。

記憶の保持にも時間をかける

1日に10時間勉強する場合も、1日に2時間勉強する場合も、やる内容は基本的には同じなのですが、1点だけ注意する必要があります。

1日に10時間勉強する場合は、短期決戦のスケジュールだったため、あまり記憶のメンテナンスに気を配る必要はありませんでした。後半の方になると、2日で全10回分をまわすというハイスピードだったため、復習に時間を割く必要がなかったからです。

ところが、1日2時間のペースでやっていると、10回目の問題を検討し終える頃には、最初にやった1回目の問題を忘れてしまっている可能性があります。そうならないためにも、定期的に復習をして、記憶の保持をはからなければなりません。

1日に2時間しか勉強できないという人は、仕事や学校がある人でしょうから、通勤・通学の時間を復習の時間にあてることになります。電車の中では単語集などを使って勉強している人も多いかと思いますが、単語帳ではなく、TOEICの公式問題集を使って勉強するようにしてください。1度しっかりと学習した後ですので、細切れ時間などを利用してサッと復習することは可能だと思います。

公式問題集は大きいので、電車の中で広げるには適していません。その場合はコピーするなどして、持ち運びに便利なように加工してください。

復習は記憶のメンテナンスがその目的ですので、すぐにやるように心がけましょう。遅くとも翌日までにやらなければなりません。忘れてしまってからではまったく意味がないのですから。

第3章はページをめくったところからスタートです。

リンダパブリッシャーズの本

40歳オーバーでニート状態だったぼくが初めてTOEICを受けていきなり930点取って人生を劇的に変えた、効果絶大な英語勉強法

2015年 10月20日　初版第1刷発行

著者　春名 久史

企画・編集　株式会社 リンダパブリッシャーズ
東京都港区港南2-16-8 〒108-0075
ホームページ http://lindapublishers.com
一般書編集部／松原大輔　福元美月　峯岸桂子
エンタメ原作部／松下梓子　田代奏子
営業部／関根真紀　小林幸二　十時直子　伊集院祥久
デザイン部／石井香里

発行者　新保克典

発行所　株式会社 泰文堂
東京都港区港南2-16-8 〒108-0075
電話　03-6712-0333

印刷・製本　株式会社 廣済堂

定価はカバーに表示してあります。万一、落丁・乱丁などの
不良品がありましたら小社（リンダパブリッシャーズ）までお送りください。
送料小社負担にてお取り替えいたします。

ISBN978-4-8030-0802-9　C0095

イラスト：ナガイクミコ
カバーデザイン：bookwall
本文デザイン：石井香里（リンダパブリッシャーズ）

第3章

具体的な勉強法

第1節
公式問題集の具体的な使い方（総論）

「解答・解説編」のみを利用する

それでは、これから具体的な勉強法にはいります。まずは「公式問題集」を準備してください。ここで使用するのは「解答・解説編」のみです。「解答・解説編」には「問題」も載っていますし、すぐ隣に日本語訳や解答が載っているので、これだけで完結してしまうのです。

この「解答・解説編」にはどしどし書き込みをしていきます。答えの選択肢をマーキングし、穴埋め問題なら空欄に正解を書き込みます。自分の知らなかった単語も蛍光ペンでチェックし、解説を読んだ後、解答を導く根拠となった記述にもマーキングを施していきましょう（詳しいやり方は後述）。

「解答を書き込んでしまったら、問題を解くときに答えが見えてしまい、不便なのでは？」
ということを心配する必要はありません。公式問題集は問題集としてではなく、教科書・参考書として利用するのですから、解答を書き込んでしまって、何度も繰り返し読みこむ必要があるからです。また、もしも最後に問題演習をしたくなったとしても、別

冊の「問題編」はきれいな状態で保存してあるので、たとえ「解答・解説編」に書き込みをしてしまったとしても、なんら問題はありません。

「問題編」はとりあえず必要ありません。普段の勉強では使わないので、どこか邪魔にならない所にでもしまっておいてください。余裕のある人は、試験直前に実際に時間を測って解いてみてもいいかもしれません。私はけっきょく「問題編」は一度も利用しませんでした。

問題文に直接答えを書き込む

何度も繰り返し述べてきましたが、公式問題集は解いてはいけません。最初から答えを見て、直接、問題文に解答を書き込んでしまいます。答えの書き込まれた問題集を「模範例文」として繰り返し読みましょう。公式問題集は問題集としてではなく、「教科書」として利用してこそその威力を発揮するのですから。

私がこの方法を教えると、ほとんどの人は拒絶反応を起こします。
「そんな方法では実力がつかない」
「問題集に答えを書き込むなんて邪道だ」

もちろん、自力で問題を解いたり、わからない単語を辞書で調べ

て訳す方法を否定はしません。それが語学習得の王道であることには間違いないからです。

でも、その方法だと時間がかかりすぎるのです。ほとんどの人はTOEIC の問題を２時間以内に解ききることはできません。あまりの難しさに、最後の問題にたどり着く前に投げ出してしまう人もいるでしょう。

そんな人でも、最初から日本語訳と答えを見てしまうという方法なら、なんとか最後まで目を通すことができるのではないでしょうか。一度理解してしまえば、２回目からはかなり楽に読むことができるようになります。読むごとに理解が深まり、読解スピードも徐々に速くなっていきます。繰り返し読むことによって、無理に暗記しなくても記憶に残るようになっていきます。

以上の点から私は、「苦労して自力で問題を１回解く」よりも、「最初から日本語訳と解答を見てしまい、何度も繰り返し読む」方法を推奨します。

リスニング・セクションの勉強の仕方

リスニング・セクションを勉強する際に重要な点は３つあります。

1．CD を聞く前に、英文を読んで十分理解する。

2．文字を目で追いながら、CD の音声を聞く。

3．音声を音声のまま記憶することをこころがける。

以下、詳述します。

1．CD を聞く前に、英文を読んで十分理解する。

リスニング・セクションの勉強では、いきなり CD の音声を聞いてはいけません。CD を聞く前に、まずは英文を読んで理解しなくてはだめです。読んで理解できないものを、聞きとれるわけがないからです。

英文を何度か繰り返し読んで、スラスラと読めるようになったら、はじめてそこで CD を聞きます。

2．文字を目で追いながら、CD の音声を聞く。

英文をすらすらと読めるようになったら、今度は文字を目で追いながら CD の音声を聞きましょう。

ほとんどの日本人は、リスニングに苦手意識を持っていると思います。私もそうでした。そんな状態の人がいきなりCDを聞いても、何を言っているのかまったく聞き取れません。音声が耳を素通りしていくだけで、いくら聞きこんでも頭には何も残らないのです。けっきょく1時間、CDプレーヤーの前に座っているだけなんて、あまりにも時間がもったいないとは思いませんか？

文字を目で追いながらで結構ですから、しっかりと文章の内容を理解しつつCDの音声を聞きこむようにしてください。BGMのように聞き流し、英語のシャワーを浴びても、TOEICのスコアは伸びません。

最初のうちは、文字を見ながらでも、CDの音声についていくことが難しいかもしれません。それはまだその英文が理解できていないという証拠ですから、そんな時はいったんCDを止めて、再びその英文を繰り返し読みこみましょう。スラスラと読めるようになったら、再びCDの音声を「文字を眺めながら」聞いてください。

「文字を見ながらCDの音声を聞いて、そんなのでヒアリング力が身に付くのか？」と不安になる人もいるかと思います。
大丈夫です。私は試験当日まで、文字を見ながらCDを聞いていました。それでもTOEICのリスニング・セクションでは満点近

くとることができます。

どうしても不安だという人は、試験直前に、時間をはかって試験本番と同じ条件で問題を解いてみてもいいかもしれません。今までずっと文字を見ながら音声を聞いてきたにもかかわらず、意外と聞き取れるようになっていることに驚くことでしょう。

また、通勤電車の中や、家事・筋トレ・歯磨きをしている時など、机に向かってじっくりと勉強できない時間をヒアリングの訓練時間にあててもいいでしょう。本を開くことができない時でも、耳からなら勉強できる時間を有効活用することができます。この場合も、ただCDを聞き流しているだけではあまり効果を期待できません。どうせ聞くのなら、すでに学習し終わっている部分のCD音声を聞くようにしてください。すでに日本語訳も英語の構造の把握も済んでいるため、まったく聞き取れないということはないはずです。聞こえてくる音声に意識を集中させ、聞き取れる部分が少しでも増えるように訓練していきましょう。

3．音声を音声のまま記憶することをこころがける

CDを聞く場合、ただ漫然と聞き流すだけではだめです。私の推奨する勉強法は、公式問題集を問題集としてではなく、教科書として利用するというものです。それはリーディング・セクション

だけでなく、リスニング・セクションにもあてはまります。公式問題集に付属の CD は、ヒアリング力を養成するためではなく、英語の音声を音声のままで記憶するために利用するのです。

これは文章で説明するのはなかなか難しいのですが、聞こえてきた音声を、頭の中でもう一度再生する、と言えばイメージしやすいのではないでしょうか。英語の学習法に「シャドウイング」というのがありますが、口に出してシャドウイングする代わりに、頭の中でシャドウイングするような感覚です。

同じ CD を何度も繰り返し聞いていると、音声が「耳にこびりつく」ようになります。特に意識せずとも、この状態になるかもしれませんが、ただ漫然と聞き流すよりも、意識して「音声を記憶する」ことを心がければ、もっと効率的に学習できます。

長文読解の攻略法

長文問題を苦手としている人は多いです。ずらりと並んだ英語を見るだけで、文章を読む気力が萎える、という人もいるかもしれません。書店に行けば、長文読解のテクニック本なるものも散見されますが、TOEIC の長文問題を解くにあたっては、特別なテクニックは必要ないです。英検 1 級の問題のようなアカデミック

な内容の文章は出題されませんし、語彙も日常生活で使うものがほとんどです。

そしてなにより、TOEIC で問われる文章のテーマは、毎回同じようなものが出題されます。なので、公式問題集をしっかりこなせば、本試験で問われるトピックはほぼ網羅できてしまいます。公式問題集の長文をシチュエーションごとまるごと理解してしまえば、当日の試験で「見たことも考えたこともない問題が出て焦った」という事態に陥ることはありません。

とはいえ、公式問題集の長文を攻略するだけでも、かなりのエネルギーを要します。特にパート７は分量も多く、１問の問題と解説が４ページにわたるものもあります。そのため、いかに効率よくパート７を学習するかは大きな課題です。

私のとった方法は、

１．まず日本語訳を読む
２．一気に全体を読むのではなく、１文ずつ理解していく。
３．辞書は引かない
４．ひとつの問題を理解したら、次の問題へ移る前に、その場で数回、すぐに復習する

の４点です。

以下、詳述します。

1．まず、日本語訳を読む。

一般的な長文問題の攻略法として、「わからない単語があっても、そこで立ち止まらずに、前後の文脈から意味を類推しながら読み進める」というものがあります。この手法は、試験本番では大いに威力を発揮します。試験会場には辞書は持ち込めませんから、知らない単語があっても調べることはできません。なので日ごろから、知らない単語があっても前後の文脈から意味を類推する訓練をしておけば、本番の試験では大きな武器となることでしょう。

しかし私は、これとは異なるアプローチをとりました。時間とエネルギーを節約するために、まず日本語訳を読んでしまうのです。

自力で意味を類推しながら英文を読んだ場合、答え合わせの際、自分のイメージした意味があっているかどうか確認しなければなりません。もしも間違っていたら、そこでまた正しい意味を覚えなおさなければなりません。これはかなりの手間となります。

それならばいっそのこと、最初から日本語訳を読んでしまった方が速いです。TOEIC で出題される文章の内容は、似通ったものが多いため、意味を類推する訓練もそれほど必要ではありません。

それになにより、最初に日本語を読んでしまうのは精神的に楽です。膨大な量の英文を前にしても、あらかじめ日本語訳を読んで意味がわかっているのですから、かなり楽に読みとおすことができます。

2.一気に全体を読むのではなく、1文ずつ理解していく。

私は、日本語訳を1文だけ読んだらすぐに、対応する英文を1文読みました。たとえ日本語訳を先に読んだとしても、パート7の文章はかなりの長文のため、一気に全部の文章を読んだ場合、すべての文章を読み終える頃には、最初の方の内容を忘れてしまっている可能性もあります。

また、1文ずつ日本語訳と照らし合わせて読むことにより、知らない単語や文の構造を把握することも容易になります。大学受験の長文読解の参考書では、文の構造について、かなり詳しく論じられています。しかし、それらの解説をすべて読んでいたら、時間がかかってしかたありません。詳しい解説など読まなくても、日本語訳と英文を1文ずつ照らし合わせていけば、だいたいの文の構造はつかめます。TOEIC と大学受験とは違います。素早く文章の大意をつかむことが要求されている TOEIC では、些末な文法知識にこだわる必要はありません。

詳しい解説を読む代わりに、日本語訳と英文を１文ずつ交互に読んでいく。これがTOEICの長文対策としては、もっとも効率的な方法です。

３．辞書は引かない

長文問題を攻略するためには、ある程度のスピード感が必要です。あまり時間をかけて読んでいると、読み終えたころには最初の方の内容を忘れてしまいます。そうならないためにも、辞書を引く回数は極力減らさなければいけません。日本語訳と英文を１文ずつ対応させて解釈することにより、知らない単語があったとしても、意味の類推は容易にできるはずです。また、公式問題集は利用者に親切にできていて、一般の受験生がつまづきそうな単語は、ページの下部にWords & Phrasesとして収録されています。これを利用しない手はありません。
日本語訳とWords & Phrases。これらを最大限に活用して、辞書はなるべく使わないようにしましょう。

４．ひとつの問題を理解したら、次の問題へ移る前に、その場で数回、すぐに復習する

ひとつの問題を最後まで読み終えたら、同じ文章をすぐにもう一

度読みなおしてください。せっかく文章の内容を理解しても、すぐに次の問題に移ってしまったら、その内容を忘れてしまう恐れがあります。そうなると、次に同じ文章を読む場合でも、また一からやり直しとなってしまい、とても効率が悪いです。せっかく日本語訳を読んで文章の内容を理解したのですから、それがまだ記憶に残っているうちに、何度か繰り返して同じ英文を読みこみましょう。そうすることによって、文章に対する理解が深まりますし、記憶にもとどまりやすくなります。

第2節

公式問題集の具体的な使い方（各論）

それではいよいよ、各パートごとの具体的な勉強法に入っていきます。まずはパート1から。

Part 1

次のような問題があったとします。

(A) She's making a computer.
(B) She's working on a computer.
(C) She's reading a book.
(D) She's leaving an office.

（A） 彼女はコンピューターを作っている。
（B） 彼女はコンピューターの作業をしている。
（C） 彼女は本を読んでいる。
（D） 彼女はオフィスを出ようとしている。

解説

work on ～「～の作業をする」

（A）computer「コンピューター」は写っているが、作っているところではない。make「作る」

（C）コンピューター画面を見つめているが、本を読んでいるわけではない。book「本」

（D）leave「出る」

最初に写真を見ます。ノートパソコンと、その前に女性がいるのが見えると思います。次に正解がどれかを確認してください。この問題の正解は（B）です。正解の選択肢は青字で書かれているので、すぐにわかると思います。

正解が（B）であることを確認したら、次は正解の選択肢の「日本語訳」を読みます。

（B）彼女はコンピューターの作業をしている。

写真を見ると、確かに女性がコンピューターに向かってなにかの作業をしているのが見えます。なのでこれが正解だということは、なんとなく理解できるかと思います。

次に、正解の選択肢の英文を読みます。

(B) She's working on a computer.

「working on a computer」というのが、少しわかりにくいかもしれません。多くの人は、「on」という前置詞を「～の上に」というふうに記憶しているので、「work on a computer」と言われてもピンとこないでしょう。
「コンピューターの上で働く？　女の人はコンピューターの前で作業をしているよな。上じゃない。ということはこれは不正解だな」と判断する人もいるかもしれません。もしかするとTOEICの出題者は、受験者がそのように誤解することを見越してこういう選択肢を作成するかもしれません。

ところが、「work on」には、「～の作業をする」という意味もあるのです。
work も on も、どちらも簡単な単語です。英語を少し勉強したことのある人なら誰でも知っている、基本中の基本の単語です。それなのに、「work on」と熟語にされると、とたんに意味をとりづらくなるから英語というのは不思議です。

TOEIC ではこういった部分がよく狙われます。出題される単語のレベルはそれほど難しくはありません。しかし、日本人の感覚からすると、なんだかしっくりこない言い回しが出題されやすい

のです。

本来ならこういう感覚は、ネイティブなら子供の頃からじっくり時間をかけて養っていくものです。すでに成人してしまった日本人が、今さらどうあがいたところで、一朝一夕に身に付けられるものではありません。
「TOEIC で９００点とるのは難しい」と言われるのは、こういうところが原因なのかもしれません。

「じゃあ TOEIC で高得点をとるには、やっぱり何年も勉強しなくちゃならないのかよ」と嘆く必要はありません。英語のイディオムは無数にありますが、TOEIC に出題される項目には限りがあります。公式問題集に掲載されている英文をきっちりマスターすれば、それだけで高得点が取れるようになっているのです。いろんな参考書や単語集などには手を出さず、まずは公式問題集をちゃんと仕上げましょう。

「work on」というイディオムは、実際に公式問題集の解説に取り上げられています。これは TOEIC の出題者側が、「このイディオムは重要だから、しっかり覚えておいてね」と教えてくれているのです。こんなに親切な試験は他にありません。だって、出るところをあらかじめ教えてもらっているのですから。私が、「TOEIC は受験する前からすでに正解が分かっている」と言っているのは、そういう意味なのです。

もちろん、本番の試験でまったく同じ問題が出るとは考えにくいです。この次の試験では、コンピューターではなく自転車の写真が使われるかもしれませんし、オフィスではなく工場の写真かもしれません。また、今回はパート１で出題されましたが、本試験ではパート７の読解問題の中で使用される可能性だってあります。

それでも、この「**work on**」というイディオムがまた出題される可能性は高いのです。なぜなら、このイディオムは出題者側が重要だと考えているうえに、非ネイティブの感覚では誤解しやすく、ひっかけ問題として利用しやすいからです。

なので受験者側としては、素直に出題者側の指示に従いましょう。「ここが重要だ！」と言われれば、それを意識して覚えればいいのです。覚えるといっても、ぶつぶつと念仏のように唱えるのはあまり得策ではありません。無味乾燥な文字のかたまりを機械的に記憶しようとしてもなかなか頭には入ってきませんし、たとえ覚えたとしてもすぐに忘れてしまいますから。

「覚えよう」という意識をもったまま、なんども繰り返し読んで、その英文ごと自分の体の一部にしてしまいましょう。その際、少しでも記憶に残りやすいようにマーキングしておくといいです。

「**(B) She's working on a computer.**」

正解の選択肢を検討し終わったら、今度は不正解の選択肢に移ります。公式問題集は問題集としてではなく、参考書として利用します。今回は不正解の選択肢の中に出てきた単語や熟語の中にも、重要な表現はたくさんあります。本番の試験では問題を解くうえでキーポイントとして出題されるかもしれません。とにかく、公式問題集に無駄な部分は一切ないと思って、すべての知識を貪欲に吸収してください。

まずは選択肢（A）の日本語訳を読みます。

（A）　彼女はコンピューターを作っている。

次に、対応する選択肢（A）の英文を読みます。

「(A) She's making a computer.」

英文が理解できたら、今度は解説を読みます。

「(A) computer「コンピューター」は写っているが、作っているところではない」

解説には、なぜこの選択肢が不正解となるのかが書かれています。ここもじっくりと読んで理解しておかなければなりません。なぜ

ならば、本試験において、不正解の選択肢を切る場合の根拠の見つけ方が書かれているからです。

この問題の場合、「making」というのが不正解となる根拠です。実際、解説文中にも make「作る」と書かれています。この make という単語も誰でも知っている基本単語ですが、この問題を解くうえで重要となるポイントです。なので問題文の「making」の部分にバツ印をつけておくとよいでしょう。

「**(A) She's ~~making~~ a computer.**」

同じようにして、他の選択肢も検討していきます。まずは日本語訳から。

「**(C) 彼女は本を読んでいる。**」

次に対応する英文を読みます。

「**(C) She's reading a book.**」

英文の意味が理解できたら、解説を読んで、なぜこの選択肢が不正解なのかを確認します。

「**(C) コンピューター画面を見つめているが、本を読んでいるわ**

けではない。」

この選択肢を切るうえでのポイントは、**book「本」**です。解説にもそう書いてあります。うっかり読み飛ばしてしまわないように、問題文にもバツ印をつけておきましょう。

「(C) She's reading ~~a book.~~」

同じく、不正解の選択肢（D）も検討します。まずは日本語訳から。

「(D）彼女はオフィスを出ようとしている。」

続いて対応する英文を読みます。

「(D）She's leaving an office.」

解説を見ると、**leave「出る」**とあるので、問題文にマーキングしておきます。

「**(D）She's leaving an office.**」

このようにして不正解の選択肢もすべて検討したら、CDを聞いてください。音声を聞くときは、文字を見ながらでかまいません。ヒアリングの訓練をしているというよりは、文字と音声の両方を

利用して英文を記憶する、といった感覚で取り組んでください。


そしてCDを聞く場合は、ただ漫然と聞くのではなく、毎回、目的意識を持って聞くようにしましょう。たとえば、
１回目はナレーターの音声に遅れないように、英文を目で追う。

２回目は英文の構造を理解しながら、英文を目で追う。

３回目は正解、不正解のポイントを意識しながら、英文を目で追う。

４回目は重要な単語・熟語を記憶に刷り込むようなイメージで、英文を目で追う。

５回目は音声を音声のまま記憶に残すようなイメージで、CDの音声を聞く。


以上、長々と説明してきましたが、やっていることはとてもシンプルです。

まとめると、次のようになります。

1．正解の選択肢の日本語訳を読む
2．正解の選択肢の英文を読む
3．解説を読む
4．不正解の選択肢の日本語訳を読む
5．不正解の選択肢の英文を読む
6．解説を読む
7．英文の文字を目で追いながら、CDの音声を聞く

Part 2

それでは、パート2に移ります。次のような問題があるとします。

Which cake do you want?

(A)　Yes, I want.
(B)　The bigger one.
(C)　Sold out.

どちらのケーキが欲しいですか。
（A）　はい、欲しいです。
（B）　大きいほうです。
（C）　売り切れです。

解説

Which ～？「どちらの～」という質問に対し、ケーキを大きさで具体的に答えている（B）が正解。one は質問にある cake を指している。want「～が欲しい」
（A）　Which ～？には、Yes, No では答えない。質問にある want があるが、応答になっていない。
（C）　質問中の cake からケーキ屋さんでの買い物を連想して選ばないこと。Sold out「売り切れ」

最初に質問文の日本語訳を読みます。

「どちらのケーキが欲しいですか。」

次に、質問文の英文を読みます。

「**Which cake do you want?**」

その後、正解の選択肢の日本語訳を読みます。正解の選択肢は青字で書かれているので、すぐにわかるはずです。

「(B) 大きいほうです。」

次に、正解の選択肢の英文を読みます。

「**(B) The bigger one.**」

解説を読んで、なぜこれが正解となるのかを理解します。

「Which ～？「どちらの～」という質問に対し、ケーキを大きさで具体的に答えている (B) が正解。」

解説を読んで、ポイントとなる部分がわかったら、そこをマーキングしておくと良いでしょう。

「Which cake do you want?」

さらに解説を読むと、

「one は質問にある cake を指している。」

とあるので、対応する部分をマーキングしておきます。

「(B) The bigger one.」
「Which cake do you want?」

解説にはさらに、want「～が欲しい」とあるので、これもマーキングしておきます。

「Which cake do you want?」

ここまでできたら、今度は不正解の選択肢も検討します。まずは日本語訳から。

「(A) はい、欲しいです。」

次に、対応する英文を読みます。

「(A) Yes, I want.」

続いて解説を読んで、なぜこれが不正解となるのかを検討します。

「(A) **Which ～？には、Yes, No では答えない。**」

とてもシンプルな解説ですね。
「不親切だなー。もっと丁寧に説明してくれよ」と文句のひとつも言いたくなるかもしれません。でも、これでじゅうぶんなのです。

TOEIC の本試験では、ひとつひとつの選択肢についてじっくりと考えている時間なんてありません。ほとんど立ち止まらずに、次から次へと検討していかなければ、とても時間は足りません。そのためにも、不正解の選択肢を切る根拠は簡潔なものである必要があるのです。丁寧な解説は一見すると親切に思えますが、まったく実戦的ではないのです。

本試験では、「Which ～？には、Yes, No では答えない。だからこの選択肢はバツ」というように判断して、即座に解答する必要があります。なので、公式問題集の解説を熟読して、出題者側の思考パターンを身に付けましょう。

同じようにして、残りの選択肢も検討します。
まずは日本語訳から。

「(C) 売り切れです。」

続いて対応する英文を読みます。

「(C) Sold out.」

解説を読んで、なぜこれが不正解となるのかを確認します。

「(C) 質問中の cake からケーキ屋さんでの買い物を連想して選ばないこと。」

この部分を読むと、出題者側がどのようにして「ひっかけ問題」を作成しているのかもわかります。こうやってどんどんと公式問題集の問題と解説を検討していけば、不正解の選択肢を切るコツがつかめてきます。本番の試験においても、「ははあ、さてはこれはひっかけだな」と気づくことができ、自信を持って正解を選ぶことができるようになるのです。

TOEIC の試験は時間との戦いです。あいまいな選択肢に頭を悩ませているヒマはありません。次から次へと解答しなければ、すぐに次の問題のアナウンスが始まってしまいます。サクサクと選択肢を切るためにも、公式問題集の解説をじっくりと読んで、正解の導き方を体得する必要があるのです。

ちまたに出回っているTOEICの解答テクニック本は必要ありません。というよりも、それらは有害となる可能性さえあります。あいまいな選択肢の切り方は、TOEICの出題者側の思考パターンを会得してこそ身に付くものなのです。そのためにもっとも有効なのは、公式問題集の解説をおいて他にはありません。なぜならそこには、出題者がどのようにして不正解の選択肢を作成しているのかが書かれているのですから。

すべての選択肢を検討し終えたら、CDを聞きます。英文の文字を見ながらでけっこうですので、ナレーターの音声をまるごと記憶するつもりで聞きこみましょう。何度かCDを聞いて、スラスラと音声が聞き取れるようになったら、同じやり方で今度は次の問題にとりかかります。

Part 3

パート3の具体的な勉強法に入ります。次のような問題があるとします。

トランスクリプトと訳

（M）Hi, I'd like to order a bottle of beer.

こんにちは、ビールを一本注文したいのですが。

（W）We are sorry, all the beer are sold out.

申し訳ありませんが、すべてビールは売り切れました。

設問と訳

Where are they talking at?

彼らはどこで会話していますか。

（A） At a bar　バー

（B） At a hospital　病院

（C） At a book store　本屋

（D） At a souvenir shop　土産物屋

解説

会話全体から判断する。男性がビールを買おうとしており、女性が sold out「売り切れました」と答えていることから、(A) が正解。
(D) souvenir shop「土産物屋」

Words & Phrases

I'd like to ～「～したい」 sold out「売り切れる」

まずはトランスクリプトを日本語訳→英文の順で読みます。「長文が苦手」という人は、一文ずつ読めばいいでしょう。

こんにちは、ビールを一本注文したいのですが。
Hi, I'd like to order a bottle of beer.

申し訳ありませんが、すべてビールは売り切れました。
We are sorry, all the beer are sold out.

この場合、もしも知らない単語があったとしても、すぐに辞書を引く必要はありません。一文ずつに分解して、まずは日本語訳を読めば、対応する英単語は比較的簡単に見つかります。

こんにちは、ビールを一本注文したいのですが。
(M) Hi, I'd like to order a bottle of beer.

左の例で言いますと、たとえ「order」という単語を知らなかったとしても、日本語訳と英文を照らし合わせれば、「注文する」という意味になることはわかるかと思います。
もしも日本語訳と照らし合わせても意味がわからなかったら、辞書を引く前に、下の「Words & Phrases」を参照してください。

申し訳ありませんが、すべてビールは売り切れました。
(W) We are sorry, all the beer are sold out.

例えばこの文で「sold out」という単語の意味がわからなかったとしても、「Words & Phrases」の欄を見れば、「sold out 売り切れる」と書いてあります。

以上のようにして、なるべく辞書を引く回数を減らすように努力してください。というのも、辞書をこまめに引いていると、時間がかかってしかたがないからです。また、何度も辞書を引くという作業はかなりめんどくさいため、そのうち嫌になってしまいます。ひいては、「もう長文を読むのは嫌だ！」と、勉強自体を投げ出してしまう恐れもあるからです。

トランスクリプトをすべて検討し終えたら、今度は設問の日本語訳を読みます。

「彼らはどこで会話していますか。」

次に、対応する英文を読みます。

「**Where are they talking at?**」

設問が理解できたら、今度は正解の選択肢の日本語訳を読みます。

「(A) バー」

次に、対応する英文を読みます。

「(A) At a bar」

そして解説を読んで、なぜそれが正解となるのかを理解します。

「会話全体から判断する。男性がビールを買おうとしており、女性が sold out「売り切れました」と答えていることから、(A) が正解。

ここで「sold out」はこの問題を解くにあたってポイントとなりますので、問題文にマーキングをしておきます。

(W) We are sorry, all the beer are sold out.

不正解の選択肢も忘れずに検討しておきます。日本語訳、対応する英文、解説、の順です。

(B)　病院　At a hospital
(C)　本屋　At a book store
(D)　土産物屋　At a souvenir shop

解説で触れられている souvenir shop は、TOEIC の出題者が重要だと考えている単語なので、マーキングしておきます。

「(D) At a souvenir shop」

最後に、下段の Words & Phrases にも目を通しておいてください。ここに載っている単語も、TOEIC の出題者側が必要だと考えているものですので、問題文にマーキングしておきます。

Words & Phrases

I'd like to ~「~したい」
(M) Hi, I'd like to order a bottle of beer.

ここまでの作業が終わったら、今度は英文だけを何度か読みます。スラスラと読めるようになるまでは、CD を聞いてはいけません。スラスラと読めないものを聞いても、音声についていくことがで

きるはずがないからです。

スムーズに読めるようになったら、CD のトラックを呼び出して、英語の音声を何度か繰り返し聞きます。文字を目で追いながらでけっこうです。

長文のスクリプトの場合、音声を聞いていても注意力が続かず、つい聞きもらしてしまいがちです。そうならないためにも、重要な個所にはあらかじめマーキングをしておいて、その部分は特に意識を集中させて聞き取るように心がけましょう。

最初のうちは、英文を読み上げるナレーションのスピードが速すぎて、たとえ文字を見ながらでも、音声についていくのが難しいと思います。早口で話す音声を聞き取るためには、まずは早く読めるようになる必要があります。何度も言っているように、読めないものは聞き取れません。同じ英文を何度も繰り返し読みこんでいくと、徐々に読むスピードが上がっていきますので、速読力をつけるためだと思って問題文を読みこみましょう。

CD の音声が聞き取れるようになったら、次の問題に移ります。いったいどういう状態になれば、「聞き取れた」と言えるのかですが、

1．すべての単語をはっきりと認識できる
2．ナレーターの読み上げるスピードについていける
3．きちんと意味が認識できている

という状態になれば次のページに進んでもらってけっこうです。文字を見ながら音声を聞いていてかまいません。

一気に全部の問題を聞くのではなく、一問一問しっかりとマスターしていきましょう。日本語訳が頭に残っている状態で、何度も同じ英文を繰り返し読む方が理解しやすく、記憶にも残りやすいですし、スピードアップにもつながります。

Part 4

パート4は基本的に、パート3と同じやり方です。

・トランスクリプトの日本語訳をまず読んだ後、対応する英文を読みます。

・設問の日本語訳と、対応する英文を読み、選択肢も日本語→英語の順に検討します。

・解説と Words & Phrases を確認したら、英文をスラスラと読めるようになるまで繰り返し読みます。

・ここまでができたら、ここで初めて CD の音声を文字を見ながら聞きます。

長文が苦手な人は、トランスクリプトの日本語訳を1文読んだら、すぐに対応する英文を1文だけ読むようにするといいでしょう。具体的なやり方を、次の問題を使って解説します。

トランスクリプトと訳

Made of coconut, sugar and eggs, Dona is a type of jam that is very popular in Africa. One of the major Dona producers in Africa, M. J. Dona has been supplying quality Dona to its customers for a number of years now. The company uses only the best quality ingredients and offers the product in different variants.

ココナッツと砂糖と卵で作られた「ドナ」は、アフリカでとても人気のあるジャムの一種です。アフリカを代表するドナ製造会社として、「M.J. ドナ」は長年にわたり高品質なドナを顧客に提供してきました。我が社は最高の品質の素材だけを使用し、さまざまなバリエーションの商品を提供しています。

設問と訳

What is the product of this company?
この会社の商品はなんですか？

(A)　food　食品
(B)　computer　コンピューター
(C)　car　車

解説

Made of coconut, sugar and eggs「ココナッツと砂糖と卵で作られた」、a type of jam「ジャムの一種」とあることから、この会社は食品を作っていることがわかる。

Words & Phrases

supply 提供する　　ingredient 材料、素材

トランスクリプトの日本語訳を、１文だけ読む。次に、対応する英文を読む。

ココナッツと砂糖と卵で作られた「ドナ」は、アフリカでとても人気のあるジャムの一種です。
Made of coconut, sugar and eggs, Dona is a type of jam that is very popular in Africa.

ここで、知らない単語があったとしても、すぐには辞書を引かないようにしてください。日本語訳と英文を照らし合わせて、意味を類推するようにします。それでも意味が分からない場合は、下にある Words & Phrases を参照してください。

アフリカを代表するドナ製造会社として、「M.J. ドナ」は長年にわたり高品質なドナを顧客に提供してきました。
One of the major Dona producers in Africa, M. J. Dona has been supplying quality Dona to its customers for a number of years now.

ここで、もし supplying の意味がわからなかったとしても、Words & Phrases を見ると、「supply 提供する」と書いてあるので、問題文にマーキングしておきます。

One of the major Dona producers in Africa, M. J. Dona has been supplying quality Dona to its customers for a number of years now.

以上のようにしてトランスクリプトが理解できたら、今度は設問の日本語訳と、対応する英文を読みます。

この会社の商品はなんですか？
What is the product of this company?

続いて正解の選択肢を日本語→英語の順に読みます。

「(A) 食品」
「(A) food」

その後、解説を読んで、なぜこれが正解となるのかを理解します。

解説

Made of coconut, sugar and eggs「ココナッツと砂糖と卵で作られた」、a type of jam「ジャムの一種」とあることから、この会社は食品を作っていることがわかる。

解説を読んで、正解を導くのに必要な個所を把握したら、その部分をマーキングしておきます。

Made of coconut, sugar and eggs, Dona is a type of jam that is very popular in Africa.

不正解の選択肢も忘れずに検討してください。

（B）computer　コンピューター
（C）car 車

その後、Words & Phrasesにも目を通して、本文にマーキングを施しておきましょう。公式問題集にわざわざ取り上げて書かれているということは、TOEICの出題者が重要だと考えているわけですから、これらの単語は意識して覚えなければなりません。市販の単語集に手を出すひまがあるのなら、まずは公式問題集に出てくる単語を確実に記憶するべきです。

Words & Phrases

ingredient　材料、素材

The company uses only the best quality ingredients and offers the product in different variants.

ここまでできたら、英文のみを何度か読んでください。スラスラと読めるようになったら、CD の該当するトラックを呼び出して、文字を目で追いながら英語の音声を聞きます。ナレーターの読み上げるスピードについていけない場合、それは英文の読みこみが足りないということなので、CD を止めて、スラスラと英文が読めるようになるまでさらに繰り返します。文字を目で追いながらでかまいませんから、CD の英語音声が楽に聞き取れるようになったら、次の問題に進んでください。

Part 5

では、パート5の問題に入りましょう。次のような問題があるとします。

The shop will be _____ for one week from today.

(A) are closed
(B) to close
(C) closing
(D) closed

店は今日から1週間休業です。

解説

(D) 他動詞 close の受動態。close「(店などを) 閉じる、休業する」。from today「今日から」
(B) 不定詞。
(C) 動詞の ing 形。

最初に日本語訳を読みます。

「店は今日から1週間休業です。」

次に、英文を読みます。

「**The shop will be closed for one week from today.**」

この時、空欄には解答である「closed」を埋めながら読むようにしてください。解答は青字になっているので、スムーズに正解の選択肢を見つけることができると思います。記憶に残りやすいように、問題文に赤字でclosedと書きこむといいかもしれません。この段階ではまだ、他の選択肢を読む必要はありません。正解の選択肢のみを文中に埋め込んで読むようにしてください。ここで誤りの選択肢を読んでしまうと、間違った文法事項を頭にインプットしてしまう恐れがあるからです。

英文を何度か読んだら、次に解説を読みます。まずは青字で書かれている部分をじっくり理解します。

他動詞closeの受動態

解説には、なぜ（D）closedが正解となるかが簡潔に書かれています。

「これだけじゃなぜclosedが正解になるのかわからないよ！もっと詳しい解説が欲しい！」という人もいるかもしれませんが、あまり細かい文法事項にこだわらない方が、短期間でTOEICのスコアアップをはかることができます。ここは素直に解説に書かれていることを鵜呑みにして、次に似たような問題に出くわした場合にも同じ思考パターンで選択肢を選ぶようにしましょう。

よく、「TOEICの解説は簡潔すぎて使えない」という人がいますが、そんなことはありません。TOEICと大学受験とは違います。日常生活で必要な文法事項を、いかに使いこなせるかを試している

のがTOEICです。難しい文法項目をうんうんうなりながら考えているようでは、解答時間が足りなくなって当然です。詳しい解説を求めて分厚い文法書と格闘したくなる気持ちはグッと抑えて、公式問題集の解説だけを素直に読みましょう。そこには、問題を解くのに必要な考え方がコンパクトにまとまっています。これ以上の知識はTOEICの問題を解くのに必要ありません。公式問題集の解説は、問題を解くのに必要な「公式」だと割り切って、素直に吸収してください。

解説にはさらに、

from today「今日から」

という熟語も書かれています。これは、TOEICの出題者側が重要だと考えている熟語ですので、必ず覚えなければなりません。記憶に残りやすいように、蛍光ペンなどでマーキングしておくといいでしょう。

「**The shop will be closed for one week from today.**」

ここまでで、TOEICの問題を解くのに必要な例文が一つ完成しました。この一文の中に、closedという文法事項と、from todayという熟語が含まれています。この例文は、TOEICの出題者側が必要だと考えているエッセンスがギュッと詰め込まれた

重要な英文です。試験直前まで何度も読み込んで、自分のものにしてしまいましょう。

ここまでの作業が完成したら、他の選択肢と解説を読みます。

（A）are closed
（B）to close 不定詞
（C）closing　動詞の ing 形

パート５の場合、不正解の選択肢の解説はあまり役にたたないことが多いです。重要単語や熟語が含まれている場合は丁寧に読む必要がありますが、そうでない場合には、軽く目を通す程度でいいでしょう。
ただし、正解の選択肢の解説（青字で書かれている部分）だけはしっかりと熟読するようにしてください。ここがこの問題を解くにあたって重要なキーポイントだからです。文法が苦手な人は、解説を読んでもなんのことかわからないかもしれません。その場合は無理に理解しようとせずに、問題文の英文と日本語訳を繰り返し読みこんでください。たとえ理屈がわからなくとも、正しい文章を感覚でとらえられるようになるまで読みこんでください。この問題ですと、「空欄に to close や closing を入れて読むと、どうもしっくりこないな。やっぱりここは closed じゃなくちゃおかしいよ」と直感的に判断できるくらいにまで読みこむ必要があります。

Part 6

では、パート6の勉強法について説明します。次のような問題があったとします。

Hello Tom,

It was nice meeting you the other day in Tokyo.
Thank you for taking the time to see us.
Also, sorry to keep you _____ for so long.

(A) waiting
(B) to wait
(C) have waited

こんにちはトム。
先日、東京で君に会えてよかった。
私たちのために時間をとってくれてありがとう。
そして、長いこと君を待たせてすまなかった。

Words & Phrases

the other day 先日

解説

（A） keep O ～ ing. [SVOC]（人が）O(人・物・事)を…にしておく、保つ
（B） 不定詞
（C） 現在完了形

ここでもやはり、パッセージの日本語訳と、対応する英文を1行ずつ読み進んでいきます。長文問題が苦手な人がいきなり全文を読もうとしたら、途中で挫折してしまう恐れがあります。1行ずつ短く区切って、日本語訳から読んでいけば、長文アレルギーを起こさずにすみます。

「**こんにちはトム。**」
「**Hello Tom,**」

わからない単語があっても、すぐに辞書は引かないでください。日本語訳と英文を照らし合わせて、意味を類推するようにしましょう。それでもまだわからなければ、下のWords & Phrasesを参照してください。Words & Phrasesには、

the other day　先日

とあります。これらの単語は、TOEICの問題を解答するにあたっ

て重要であると出題者側が考えているものですので、意識して記憶しなければなりません。なので、問題文にマーキングしておきましょう。そして英文を繰り返し読みこむ際には、このマーキングしてある部分は特に念入りに意識を集中させるのです。そうすれば、無理に暗記しなくても、徐々に頭に染みこんでいきます。

先日、東京で君に会えてよかった。

It was nice meeting you the other day in Tokyo.

パート6の問題は穴埋め問題となっています。まず最初に、解答が何番かを確認して、正解をマーキングしておきましょう。問題文が読みやすくなります。

その作業がすんだ後、日本語訳を1行読み、対応する英文を読みます。その際には、あらかじめマーキングしてある正解肢を見て、空欄の部分を埋めながら読むようにしてください。

そして、長いこと君を待たせてすまなかった。

Also, sorry to keep you ＿＿＿ for so long.

（A） waiting

（B） to wait

（C） have waited

ここでは、自分の頭で問題を解こうとはせずに、解答をさっさと見てしまってください。問題を解くことではなく、解説を理解することにエネルギーを注ぐのです。

解説には、こう書いてあります。

keep O ~ ing. [SVOC]
（人が）O（人・物・事）を…にしておく、保つ

文法が苦手な人には、なんのことかさっぱりわからないかもしれません。
「SVOC」などの文法用語を毛嫌いする人もいますが、難しく考えることはありません。日本語訳をすでに読んで、文章の意味はつかめているのですから、あとは大雑把な文の構造をとらえるようにすれば、それでじゅうぶんです。この文章の場合、解説に書かれているとおり、「O」の部分には「you」を、「~ ing」の部分には「waiting」を入れればいいんだな、というくらいの認識で問題ありません。
わからないからといって一つの場所にこだわらず、どんどんと先に進んでいきましょう。TOEIC では繰り返し同じ文法事項が問われていますので、何度も似たような問題に出くわします。そのたびに解説を熟読して、理解するように努めていれば、そのうちだんだんとわかってきます。

文法を本当に理解しようとすると、膨大な時間がかかります。母国語である日本語でも、文法用語で説明されたら頭がこんがらがってしまうのですから、英語の文法が難しく思えるのはしかたがありません。細かい部分にこだわらず、たくさんの英文を何度も読んで感覚を身に付ける方が、結局はTOEICで高得点を取る近道だと思います。どんどんと先に進んでいきましょう。

最後に、不正解の選択肢も軽くでいいので確認しておきます。

（B）**to wait**　不定詞
（C）**have waited**　現在完了形

問題を検討し終えたら、Words & Phrasesも確認して、問題文にマーキングしておいてください。
次の問題に移る前に、何度か繰り返し英文を読んでおくと、記憶の定着が高まります。

Part 7

それでは、パート7の具体的な学習法に入ります。次のような問題があるとします。

Authentic Japan tour
304 Asakusa, Tokyo, Japan

Tom Henderson
124 Shinjuku
Tokyo, Japan

Hi,Tom

We would like to hire you as a tour guide, along the following details;

- We will use you mainly in Tokyo as a city tour leader, for half day tours, and custom tours
- During peak seasons, we will use you as a long tour leader, for tours that range from 5 days to 14 days, across Japan
- All accommodation expenses and transportation will be paid.

- As we discussed in person, since you don' t have experience, we would like to see how you do with our tours within a 3 month probation period.
- During this probation period, you will be paid a salary of 10000 yen per day, and 5000 yen for half a day.
- By the end of the probation period, we are open to revise your salary based on your performance
- performance for Tokyo city tours will be measured by the Tokyo manager by joining your tour from time to time, and by direct feedback from clients through tripadvisor.
- performance for long tours will be measured mainly by direct feedback from clients and working relations with the operations team

If you have any questions regarding the conditions above, or any other details, please let me know.

kind regards,

Ken Solomon,
president of Authentic Japan tour

やあ、トム。
我々は君を以下に詳しく述べる条件で、ツアーガイドとして雇いたいと思います。
・君には半日ツアー、カスタムツアーのツアーリーダーとして、主に東京で働いてもらいます。
・ピークシーズン中はロング・ツアーのツアーガイドとしても働いてもらいます。全国ツアーの期間は５日から２週間。
・宿泊費と交通費はすべて支払われます。
（以下略）

設問

What is NOT mentioned in the letter?
手紙の中で述べられていないことはなんですか？

（A） salary　給料
（B） working place　勤務地
（C） period of probation　試用期間
（D） health insurance　健康保険

解説

（A）給料についてはa salary of 10000 yen per day, and 5000 yen for half a day、（B）勤務地についてはmainly in Tokyo、（C）試用期間についてはwithin a 3 month probation periodとの記述がある。（D）健康保険に関しては述べられていない。

Words & Phrases

custom「あつらえの、オーダーメイドの」

覚えておくと便利な表現

probation period　試用期間

パート7の場合、文章の最初か最後に背景説明が書かれていることが多いです。この文章の場合はまず最初に、

Authentic Japan tour
304 Asakusa, Tokyo, Japan

Tom Henderson
124 Shinjuku
Tokyo, Japan

とあり、最後にも、

Ken Solomon,
president of Authentic Japan tour

とあります。
これらの説明は、直接、問題を解くのに必要ではないのですが、これからいったい何について述べられるのか、という予備知識として必要になることもあります。が、この部分にはあまりこだわらず、さっと目を通すだけで次に進む方が、時間の節約となります。

ただ、問題を解いていると、本文の中に正解の根拠となる記述が見つからない場合もあります。そういうときには、この説明の部分にヒントが隠されている場合もあるので要注意です。

なので、最初にさっと目を通すときには、こういう説明があったということだけを頭の片隅にとどめておいて、もしも問題を解く糸口が本文中に見いだせなかった場合に、再び説明に戻る、というスタンスがいいでしょう。

ここでは、
・手紙の受取人は Tom Henderson であること。
・手紙の差出人は Ken Solomon であること。
・Ken Solomon は Authentic Japan tour の社長であること。

などを読み取ることができれば、本文の内容も理解しやすくなると思います。

続いて、本文の日本語訳と、対応する英文を読んでいきます。長文を一気に読もうとすると拒否反応を起こす人もいるでしょうから、1行ずつ読んでいきましょう。

やあ、トム。
Hi,Tom

我々は君を以下に詳しく述べる条件で、ツアーガイドとして雇いたいと思います。
We would like to hire you as a tour guide, along the following details;

・君には半日ツアー、カスタムツアーのツアーリーダーとして、主に東京で働いてもらいます。
- We will use you mainly in Tokyo as a city tour leader, for half day tours, and custom tours

わからない単語があっても、すぐには辞書を引かず、日本語訳と照らし合わせて意味を類推します。下段にある Words & Phrases に載っている単語があれば、本文にマーキングしておきます。

Words & Phrases

custom「あつらえの、オーダーメイドの」

- We will use you mainly in Tokyo as a city tour leader, for half day tours, and custom tours

パッセージをすべて検討し終えたら、今度は問題に移ります。まず、設問の日本語訳と、対応する英文を読みます。

「手紙の中で述べられていないことはなんですか？」
「What is NOT mentioned in the letter?」

ここでは問われているのは、「述べられていない」ことです。問題文にも大文字で「NOT」と書かれていますが、ケアレスミスをしないためにも、一応、マーキングしておいた方がいいでしょう。普段からこういう癖をつけておけば、試験本番でも無意識のうちにできるようになります。それほど時間はかかりませんし、つまらないミスでの失点を防げるのですから、おっくうがらずにやりましょう。

「What is NOT mentioned in the letter?」

続いて、選択肢の日本語訳と、対応する英文を読みます。

（A）給料　salary
（B）勤務地　working place
（C）試用期間　period of probation
（D）健康保険　health insurance

その後、解説を読んで、どうやって正解を導くのかを理解します。解説の中で説明されている、正解を導くのに必要なポイントを、本文中にマーキングしておきましょう。

解説

（A）給料については a salary of 10000 yen per day, and 5000 yen for half a day、（B）勤務地については mainly in Tokyo、（C）試用期間については within a 3 month probation period との記述がある。（D）健康保険に関しては述べられていない。

We will use you mainly in Tokyo as a city tour leader, for half day tours, and custom tours
- During peak seasons, we will use you as a long tour leader, for tours that range from 5 days to 14 days, across Japan
- All accommodation expenses and transportation will be

paid
- As we discussed in person, since you don' t have experience, we would like to see how you do with our tours within a 3 month probation period.
- During this probation period, you will be paid a salary of 10000 yen per day, and 5000 yen for half a day.

このようにして設問を検討し終えたら、Words & Phrases と「覚えておくと便利な表現」にも目を通しておきます。

以上の作業が完了したら、パッセージと設問の英語の部分のみを何度か繰り返して読みます。まだ次の問題に移ってはいけません。日本語訳が頭に残っているうちに、何度も繰り返し英文を読んで、理解と記憶を強固なものにする必要があるからです。